# LA REGLES DE SAINT AVGVSTIN,

## ET

## LES CONSTITVTIONS

particulieres pour les Sœurs Penitentes de sainte Marie-Magdeleine de Lyon.

A LYON,
Chez MICHEL GOY
Ruë Confort deuant l'Arbre d'Or.

M. DC. LXVI.

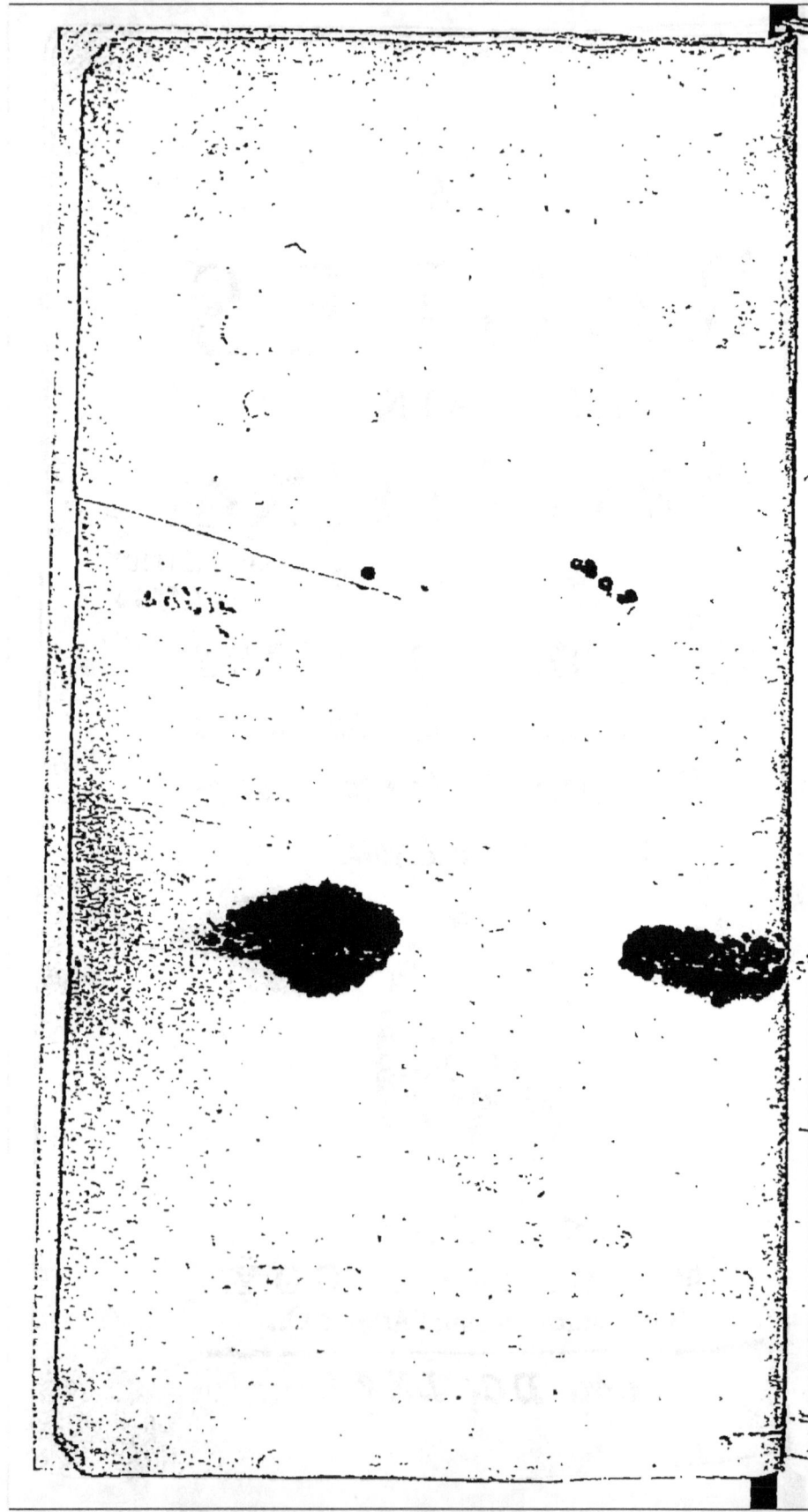

NTOINE DE NEVF-VILLE Abbé de S. Iuſt Vicaire general de Monſeigneur l'Illuſtriſſime & Reuerendiſſime Meſſire CAMILLE DE NEVF-VILLE Archeueſque, Comte de Lyon, Primat de France, Commandeur des Ordres du Roy, & ſon Lieutenant General au Gouuernement de Lyon Païs de Lyonnois Foréts & Beaujeaullois, ſur le ſujet des preſentes Regles & Conſtitutions faictes pour les Sœurs Penitentes de S. Marie-Magdeleine de cette Ville.

On ne peut douter que Dieu n'ait vn grand deſſein de reſpandre l'abondance de ſes graces, & Saintes benedictions ſur la maiſon des Penitentes de Sainte Marie Magdeleine de cette Ville. C'eſt de quoy on a veu des marques ſi euidentes en toutes ſortes

ã 2  d'occa

d'occasions, qu'on a tout sujet de reconnoistre, que Dieu qui est l'Autheur adorable d'vn si Saint establissement, ne manque pas aussi de le tenir soubs la puissante protection de sa diuine main. Ses commencemens ont esté si petits, & ses progrez si imperceptibles, qu'on en peut dire ce que l'Euangile dit du Royaume du Ciel, à sçauoir qu'il est seblale au grain de moûtarde, qui est la moindre de toutes les semences de la terre, mais qui croissant deuient vn grand arbre, sur lequel les oyseaux du Ciel trouuent leur retraite. En effet qui ne void que cet œuure, qui estoit si peu de chose en sa naissance, a receu vn tel accroissement par vne grace toute speciale de sa Diuine Ma[...], par le secours de plusieurs personnes de pieté, qui mesmes y ont contribué de leurs biens temporels, que c'est maintenant l'azile de plusieurs ames, que Dieu retire de la corruption du siecle, pour les mettre dans la voye de Salut, & leur faire commencer

mencer sur la terre vne vie toute Spirituelle & Celeste.

Mais parce qu'en vain on auroit donné commencement à vne si bonne œuure, si elle n'estoit conduite iusques à sa perfection selon la celeste parole, qui dit, que les œuures de Dieu sont parfaictes, & que nulle Communauté ou Comgregation ne peut estre parfaictement establie sans quelques Statuts & Reglemens, par le moyen desquels les personnes qui composent ces Compagnies de pieté, puissent éuiter le desordre & la confusion, qui se rencontreroit, si chacune pouuoit agir comme il luy plaist & si l'inclination que l'on à la liberté n'estoit restreinte par quelque sorte d'obseruance : Nous auons eu vn soin tout particulier de dresser les presentes Constitutions, dans lesquelles nous auons tasché de garder vn tel temperament, que nulle de celles, qui seront appellées à cette vie penitente, ne s'en peut trouuer tellement surchargée, qu'elle ne soit contrainte d'auouër, que c'est le vray Joug de Nostre Seigneur, c'est à dire vn ioug doux & leger ; & que pourtant l'esprit de vraye penitence, ne laisse pas de s'y rencontrer, puisque outre les petites mortifications, ausquelles ces reglemens engagent, Il semble que ce n'est pas peu à des filles, qui se retirent de la licence du siecle pour se conuertir serieusement à Dieu, d'auoir à viure dans vne obeïssance si exacte qu'il ny ait pas vn moment, auquel elles n'ayent à produire quelqu'acte, si elles sont fidelles à la grace, qui leur est presentée.

C'est donc à quoy nous les exhortons autant qu'il nous est possible, & de considerer ces Constitutions, comme si elles leurs estoient données par Iesus-Christ mesme, non pas pour leur estre comme vn fardeau insupportable sur les épaules, mais plustost vn secours & vn soulagement à cet ardent amour, qui doit embrazer leurs cœurs en vnë de cette grace singuliere, qui les a tirées du monde, & de tant d'occasions de se perdre. En effet qu'esse

que

que ne deuroient faire & souffrir pour Dieu des ames que sa Diuine bonté a choisies auec vn amour incomparable pour les rendre toutes siennes, & imprimer en elles les doux & aymables caracteres de sa predestination? Ne semblet-il pas qu'il n'est point de mortification, qu'elles ne deussent rechercher, de souffrances qu'elles ne deussent subir, ny de martyres qu'elles ne fussent prestes d'endurer, pour tesmoigner la reconnoissance qu'elles ont enuers Nostre Seigneur Iesus-Christ d'vne grace si signalée. Ne deuroient-elles pas pour cela Inuiter ces grandes Saintes Magdeleine, Pelagie, Marie Egyptiene, & tant d'autres dans leurs horribles penitences, & dans leurs affreuses solitudes & retraites? Ce n'est pourtant pas ce que sa diuine bonté demande d'elles, mais seulement qu'en la place de ces tourmés, de ces penitences, & de ces martyres, elles obseruent auec soin & fidelité les Regles & les Constitutions qui leur sont icy prescrites, & cette obseruance suffira pour donner à

ā 4 cest

cest aymable Sauueur toutes les marques qu'il desire de leur amour & parfaicte fidelité. Donné à Lyon ce 15. Iuin 1666.

### L'ABBE' DE S. IVST.

TABLE

# TABLE
## DES CHAPITRES
### des Regles.

CHAP. I. DE l'amour de Dieu & du prochain, de l'vnion des Sœurs en Dieu, & comme le viure & le vestir doiuent estre distribués. pag. 1

II. De l'vnion des pauures & des riches en l'humilité. p. 3

III. De l'Oraison & du Ieune. p. 4

IV. De la refection du corps & de l'ame. p. 5

V. Du soin que l'on doit auoir des Malades, & comme les Sœurs se doiuent comporter quand elles sont gueries. p. 6

VI. De l'habit exterieur, & interieur, de la chasteté: & de la modestie des regards pour le respect deu à Dieu qui voit & qui penetre tout. p. 7

VII. De la correction fraternelle, & du chatiment des rebelles, & incorrigibles. p. 9

VIII. Que l'on doit remettre toutes choses en commun, & preferer le bien de la communauté au sien particulier. p. 11

IX. De la netteté des habits, & du soin des infir

# TABLE

infirmes. p.13

X. De la paix entre les Sœurs, & de la reconciliation & pardon des iniures. p.15

XI. De l'obeïssance, & des deuoirs de la Superieure pour l'exacte obseruance des Regles. p.17

XII. Que la sacrée dilection doit porter les Sœurs à l'obseruance des Regles, & de la frequente lecture d'icelles. p.18

# TABLE
## DES CHAPITRES
### Des Constitutions.

Chap. I. De la fin de cête institution des Penitentes de sainte Marie Magdeleine de Lyon. p.19

De la forme du gouuernement de cette Maison des Penitentes. p.21

Du Pere Spirituel. p.24

II. Du Confesseur. p.25

III. Des qualités & dispositions requises, en celles qui seront receües. p.27

IV. Des quatres ordres ou rangs des Penitentes. p.32

Du dernier ordre. p.33

Du troisième ordre. p.34

Du second ordre. p.36

Du premier ordre. p.38

V. De la Clôture. p.41

VI. De

## DES CHAPITRE

VI. Du parloir. p.43
VII. De la pauureté. p.44
VIII. De la chasteté. p.47
IX. De l'obeïssance. p.51
X. De l'humilité. p.55
XI. Des Sacrements de Confession & communion. p.58
XII. De l'Office diuin. p.61
XIII. De la vie Penitente. p.65
XIV. De la pratique des vertus Chrestiennes. p.69
XV. De l'employ de la journée. p.71
XVI. Du silence. p.81
XVII. Du repas. p.82
XVIII. Des recreations & conuersations. p.85
XIX. Des instructions & de la maniere que les Sœurs s'y doiuent comporter. p.88
XX. De reddition de conte de son ame. 90
XXI. Du trauail manuel. p.92
XXII. Du Chapitre des coulpes. p.94
XXIII. De la correction. p.98
XXIV. Des penitences pour les fautes. p.101
XXV. Des habits, licts, & linges. p.103
XXVI. Des retraites, & renouation des vœux. p.108
XXVII. Des Offices des Meres. Et premierement de la Mere Superieure. p.112
XXVIII. De la Mere Assistante. p.119
XXIX. Des Meres Maistresses en general. p.123
XXX. De la Mere Maistresse qui aura soin de la conduite des Sœurs du nouitiat. p.130
XXXI. De la Mere Maistresse qui aura la conduite des Sœurs de la probation. p.132
XXXII. De la Mere Maistresse qui aura la conduite

# TABLE

*conduite des Sœurs de la Congregation.*
p.134

XXXIII. De la Mere Oeconome.    p.135
XXXIV. De la Mere Sacriſtaine.    p.137
XXXV. De la Mere portiere.    p.139
XXXVI. Des Offices des Sœurs, & premiere-
    mene de la Sœur Infirmiere, & comme les
    Sœurs ſe doiuent comporter eſtans malades.
    p.141
XXXVI. De la Sœur Robiere.    p.147
XXXVIII. De la Sœur Lingere.    p.149
XXXIX. De la Sœur Refectoriere.    p.151
XL. De la Sœur Celleriere.    p.153
XLI. Des Sœurs qui auront la charge des ou-
    urages.    p.156
XLII. Des aides de la Sacriſtie.    p.158
XLIII. De celles qui ſeront employées aux
    autres ſeruices de la Maiſon.    p.163
XLIV. De l'enterrement des Sœurs, & des
    prieres pour les morts.    p.168
XLV. Inſtruction pour la viſite.    p.173
Formule de la renouation des vœux & prote-
    ſtation.    p.178.& ſui.

TABLE

# TABLE DES CHAPITRES

contenus en ce Directoire Spirituel.

CHAP. I. Comme les Sœurs se doiuent comporter à leur reueil & en se leuant. p.182

II. De l'exercice du matin & de l'Oraison. p.189

III. De la direction de l'intention. p.193

IV. Comme les Sœurs doiuent entendre la sainte Messe. p.197

V. De l'Office diuin. p.206

VI. De la refection. p.213

VII. De la recreation. p.217

VIII. Du silence. p.220

IX. De l'examen de conscience & de l'exercice du soir. p.226

X. Du coucher. p.231

XI. De la Confession. p.234

XII. De la sainte Communion. p.241

XIII. De la maniere que les Sœurs se doiuent comporter aux sermons & conferences, & des lectures. p.256

XIV. Du respect & du deuoir des Sœurs enuers la Mere Superieure & les autres Meres. p.259

ẽ 6   XV.

## TABLE DES CHAPITRES

XV. *Formule du compte de conscience que les Sœurs doivent rendre à la Mere Superieure & à leurs Meres Maistresses.* p.264

XVI. *Des fautes & penitences.* p.272

XVII. *De plusieurs offices necessaires pour le bon ordre de la Maison, &c.* p.284

# REGLES
## du Bien-heureux Pere
# S. AVGVSTIN
## POVR LES SOEVRS.

### CHAPITRE I.

*De l'amour de Dieu, & du prochain, de l'vnion des Sœurs en Dieu, & comme le viure & le vestir doiuent estre distribués?*

AVANT toutes choses, mes tres cheres Sœurs, que Dieu soit aimé, & puis le prochain, car ces deux preceptes nous sont principalement donnez.

Voicy donc les choses que nous vous ordonnons de garder, à vous qui estes au monastere.

Que vous obseruiez ce pourquoy vous estes assemblées, & congregées, qui est que vous demeuriez de mesme accord en la mai-

A          son

ſon, & que vous n'ayez qu'une ame & vn cœur en Dieu.

Et que vous ne diſiés pas auoir rien en propre, mais que toutes choſes vous ſoient communes.

Et que ce qui eſt requis pour le viure & le veſtement, ſoit diſtribué à vne chacune de vous par voſtre Superieure, non pas egalement à toutes, parce que vous n'eſtes pas toutes de meſme complexion; mais à vne chacune ſelon qu'il ſera beſoin; car ainſi liſons nous es Actes des Apoſtres, que toutes choſes leur eſtoient communes, & qu'on diſtribuoit à vn chacun ſelon ſa neceſſité.

Celles qui auoient quelque choſe au ſiecle lors de leur entrée au Monaſtere, vueillent librement que tout ſoit en commun; mais celles qui n'auoient rien, qu'elles ne recherchent pas au Monaſtere ce que meſme elles n'ont pas peu auoir hors d'iceluy. Et toutesfois qu'on baille ce qui eſt neceſſaire à leur infirmité, quoy que leur pauureté n'ut pas pû meſme trouuer les choſes que leur eſtoient neceſſaires, tandis qu'elles eſtoient au ſiecle; & que pour cela, elles ne penſent pas d'eſtre heureuſes, ſi elles ont trouué la nourriture & les veſtements tels qu'elles ne les euſſent pû trouuer dehors.

## De saint Augustin.

## CHAPITRE II.

### De l'vnion des Pauures & des Riches en l'humilité.

QV'elles ne s'enorgueilliffent pas de fe voir en la compagnie de celles qu'elles n'ofoient approcher au siecle ; mais qu'elles esleuent leur cœur en haut, & ne recherchent point les chofes vaines de la terre ; de peur que les Monasteres ne commencent à estre vtiles aux Riches & non aux Pauures, si en iceux les Riches y font humiliez, & les Pauures y deuiennent fuperbes.

Celles auffi qui fembloient estre quelque chofe au siecle ne dedaignent point leurs Sœurs, qui font venues d'vn estat pauure à cefte fainte Societé : mais que pluftost elles s'estudient de fe glorifier, non de la dignité de leurs Riches parens, ains de la Compaignie de leurs pauures Sœurs.

Qu'elles ne s'eleuent non plus, si elles ont contribué quelque chofe de leurs moyens à la vie commune ; & ne deuiennent pas plus superbes à caufe de leurs richeffes, pour les auoir départies au Monaftere, que si elles en iouiffoient encores au siecle : Car toute autre iniquité eft exercée és mauuaifes œuures, afin qu'elles fe faffent ; mais l'orgueil dreffe des embuches aux bonnes œuures mefmes afin qu'eftans faites, elles periffent, de quoy fert-il de diftribuer & donner fes biens aux Pau-

A 2 ures,

ures, & se rendre Pauure soy mesme, si l'ame miserable deuient plus superbe en mesprisant les richesses, qu'elles n'estoit en les possedant?

Viuez doncques toutes vnanimement & de bon accord, & honorez Dieu, duquel vous auez esté faites le temple; les vnes en la personne des autres reciproquement.

## Chapitre III.

### De l'Oraison & du Ieûne.

Vacquez soigneusement à l'Office, & à l'Oraison aux heures & aux temps ordonnéz; & que personne ne fasse dans l'Oratoire, que ce à quoy il est destiné, & dont mesme il a pris son nom; afin que si outre les heures determinées, quelqu'vne, ayant congé, vouloit prier, celles qui y voudroient faire quelque autre chose, ne leur donnent empeschement.

Quand vous priez Dieu par Hymnes & Pseaumes, que ce que vous prononcez de voix soit pareillement dans vostre cœur, & ne chantez sinon ce que vous lisez deuoir estre chanté; mais ce qui n'est pas escrit pour estre chanté, ne le chantez pas.

Domptez vostre chair par ieûnes & abstinences du manger & boire autant que vostre santé le permet; mais quand quelqu'vne ne peut ieûner, qu'elle ne mange pas pourtant hors le repas, sinon qu'elle fut malade.

*De saint Augustin.*

## CHAPITRE IV.

*De la refection du corps, & de l'ame.*

VEnant à table, escoutez sans bruit ny contention ce que selon la coutume on lira, iusqu'à ce que vous vous leuiez; & que vostre gosier seul ne reçoiue pas la viande, mais que vos oreilles reçoiuent pareillement la parole de Dieu.

Si l'on fait quelque meilleur traitement, & que l'on baille d'autres viandes aux valetudinaires & infirmes, cela ne doit pas sembler iniuste ny fascheux à celles qui pour l'ordinaire se portent bien, & qui sont d'vne plus forte complexion, & ne doiuent pas estimer leurs Sœurs plus heureuses de ce qu'elles sont mieux nourries, mais que plustost elles se rejouissent en elles mesmes, de ce qu'elles sont plus robustes qu'icelles, & peuuent faire ce que les autres ne peuuent pas.

Et si on donne quelque chose en viandes, en habits, en licts, en couuertes à celles qui viennent d'entre les delicatesses du monde au Monastere, de plus qu'on ne donne aux plus robustes, & qui sont par consequent plus heureuses: Celles-cy ausquelles on ne donne pas ces particularitez doiuent penser combien celles-là se sont demises de leur façon de viure au monde, pour venir à la monastique, bien qu'elles ne puissent pas encore arriuer à l'austerité

sterité de viure des autres, qui sont de plus forte complexion.

Et celles-cy qui sont plus vigoureuses ne se doiuent pas troubler, si elles voyent que plustost par compassion que par honneur, les autres reçoiuent vn meilleur traitement, & ne doiuent pas non plus desirer qu'on leur donne les particularitez que l'ō fait aux autres. Crainte que ceste detestable peruersité n'arriue, que les paures deuiennent delicates dans le Monastere, où les riches s'efforcent de s'accoutumer au trauail & à l'austerité.

## Chapitre V.

*Du soin que l'on doit auoir des Malades, & comme les Sœurs se doiuent comporter quand elles sont gueries.*

Certainement comme les malades ont besoin de manger moins, de peur de se surcharger, il faut aussi estans en conualescence les nourrir, en sorte qu'elles puissent au plustost recouurer leur entiere santé, bien qu'elles fussent issues de paure lieu au monde, la recente maladie leur faisant auoir besoin de ce que la precedente accoutumance à rendu necessaire aux riches.

Mais quand elles auront repris leurs forces pristines, qu'elles retournent à leur plus heureuse façon de viure, qui est d'autant plus conuenable aux seruantes de Dieu, qu'elles ont moins

moins de besoin d'autre chose. Et que le goust des viandes ne leur fasse pas continuer ceste façon de viure qui leur auoit esté accordée durant leur maladie. Celles-là se doiuent estimer plus riches qui sont plus robustes pour supporter la pauureté: car il est plus vtile de souffrir quelque disette, que d'auoir plus que l'on n'a de besoin.

## CHAPITRE VI.

*De l'habit extérieur, & interieur, de la chasteté, & de la modestie des regards pour le respect dû à Dieu qui voit & penetre tout.*

Qve vostre habit ne soit point remarquable, & n'affectez pas de plaire par les habits du corps, mais par les habitudes du cœur, & par vos bonnes mœurs. Et que vos voiles ne soient pas si deliez, que vos coifures puissent paroistre au dessous. Que vos cheueux ne soient descouuerts de nulle part, afin que la negligence ne les laisse esparpiller, ny l'artifice ne les compose & plie au dehors.

Si vous allez dehors, marchez ensemblement, estans paruenues où vous allez demeurez ensemble.

Soit que vous marchiez, ou que vous seiourniez, & generalemét en toutes vos actions & deportemens, ne faites rien qui attire aucun à conuoitise, mais que tout soit conforme

& seant à vostre sainteté, c'est à dire, à la sainteté de vostre vocation.

Si vous iettez vos yeux sur quelqu'vn, ne les arrestez toutesfois sur aucun, car allant dehors, il ne vous est pas defendu de voir les hommes; mais de les conuoiter, ou vouloir estre conuoitée par iceux, c'est vne faute criminelle. Ny ce n'est pas seulement par le toucher, mais aussi par l'affection, & par le regard que la femme est conuoitée, & conuoite. Et ne dites pas que vostre intention est pudique, si vous auez les yeux impudiques; car l'œil impudique, est messager du cœur impudique.

Et lors que la langue demeurant en silence, les cœurs par des regards mutuels, s'entretiennent de l'impudicité, & que par la conuoitise ils se complaisent en des reciproques ardeurs; quoy que les corps demeurent purs d'impudicité, la chasteté neantmoins perit és mœurs du cœur.

Et celle qui areste son œil sur vn homme & aime qu'iceluy arreste aussi son œil en elle, ne doit nullement penser de n'estre pas veüe en cette action: Certes elle est regardée, & par ceux qu'elle ne pense pas.

Mais soit que nul n'y prenne garde, comme se cachera t'elle de ce spectateur d'en haut, auquel rien ne peut estre caché? doit-on, ie vous prie, estimer qu'il ne void pas nos actions, parce qu'il les void d'autant plus patiemment, qu'il les void plus sagement?

Qu'à celuy là donc la femme sainte craigne de deplaire, afin qu'elle ne vueille meschamment

ment plaire à l'homme. Qu'elle se ressouuienne que celuy-là void tout; afin qu'elle ne vueille estre mauuaisement regardée par l'hôme. Car c'est en ce sujet particulieremét que la crainte de Dieu nous est recommandée, veu qu'il est escrit, que le Seigneur a en abomination celuy qui fiche & arreste l'œil sur quelqu'vn.

Quand doncques vous estes ensemble en l'Eglise, & ailleurs, par tout où les hommes se trouuent, veillez sur la pudicité & chasteté les vnes des autres; car par ce moyen, Dieu qui habite en vous, vous gardera de vous mesmes.

## CHAPITRE VII.

*De la correction fraternelle, & du châtiment des rebelles & incorrigibles.*

ET si vous vous apperceuez que qu'elqu'vne d'entre vous cómette de l'œil ceste insolence dont ie parle, auertissez la promptement, afin que ces commencements ne fassent progrez, mais soient soudain corrigez.

Que si apres l'auertissement derechef, ou bien vn autre jour, vous luy voyez faire les mesmes traits, alors celle qui l'aura apperceuë, quelle qu'elle soit, la doit manifester comme vne personne deja blessée, afin qu'on la guerisse. Auant cela toutesfois il faut faire voir la mesme faute à vne ou deux autres, à ce que par le temoignage de deux, ou de trois, elle puisse estre conuaincuë, & reprimée par vne conuenable seuerité.

A 5 Et

Et ne penſez pas qu'en deſcouurant ce mal, vous commettriez aucune mal-veillance; car pluſtoſt, ſerez-vous coupables ſi vous laiſſez perir vos Sœurs en vous taiſant, leſquelles vous pouuez faire amander en les denonçant: car ſi voſtre Sœur auoit quelque playe en ſon corps qu'elle voulut cacher, crainte qu'on ne luy fit quelque inciſion, ne ſeriez vous pas cruelle en le taiſant, & benigne en le reuelant? Combien plus donc deuez-vous maniſeſter l'vlcere ſpirituel, afin qu'il ne pourriſſe plus dangereuſement au cœur?

Mais auant qu'on faſſe prendre garde de la faute aux autres, par leſquelles en cas qu'elle la nie, elle puiſſe eſtre conuaincuë, ſi apres la premiere admonition, elle ne ſe corrige pas, il faut premierement auertir la Superieure, afin que, s'il ſe peut, eſtât plus ſecrettemét corrigée, il ne ſoit beſoin que les autres le ſçachent.

Que ſi elle nie, alors il luy faut oppoſer des autres Sœurs, afin qu'elle puiſſe non ſeulement eſtre repriſe par vne ſeule deuant toutes les autres, mais que par le temoignage de deux ou trois elle ſoit conuaincuë. Eſtant conuaincuë, elle doit eſtre corrigée par châtiment & punition ſelon le iugement de la Superieure, ou du Pere Spirituel. Que ſi elle refuſe de ſubir la peine qu'on luy impoſe, & ſi elle ne s'en va, qu'on l'expulſe & mette dehors de voſtre compagnie. Et cecy ne ſe faict point auec cruauté, mais auec miſericorde, de peur que par ſon mauuais exemple, comme par vne peſtilente contagion, elle ne perde pluſieurs autres Sœurs.

Et

de saint Augustin.

Et ce que i'ay dit de cette faute d'arrester la veuë sur les hommes, doit estre diligemment & fidellement obserué enuers toutes autres sortes de pechez, pour les découurir, prohiber, denoncer, conuaincre, & châtier, conseruant en cela la charité enuers les personnes, & la haine contre leurs vices.

Or quelle que ce soit qui soit paruenuë à ce signe d'iniquité, que de receuoir ou lettres, ou presents en secret, si elle le confesse librement, qu'on luy pardonne, & qu'on prie pour elle; mais si elle est surprise en cette faute, & en est conuaincuë, qu'elle soit griefuement châtiée, selon qu'il semblera bon à la Superieure, ou au Pere Spirituel, ou mesme à l'Euesque.

## CHAPITRE VIII.

*Que l'on doit remettre toutes choses en commun, & preferer le bien de la communauté au bien particulier.*

AYez tous vos vestemens en vn lieu, sous la garde & charge d'vne Sœur, ou deux, ou d'autant de Sœurs qu'il sera requis pour les secouer & conseruer, afin que les tignes ne les gastent; & comme vous viuez toutes d'vne mesme depense, aussi soyez toutes vestuës d'vn vestiaire.

Si faire se peut, ne prenez point garde à ce que l'on vous donnera à vestir selon les saisons, pour voir si l'on vous donne les habits que vous aviez posez & remis, ou bien si l'on vous donne ceux qu'vne autre auoit portez: pourueu que ce qui est necessaire à vne chacune ne luy soit pas refusé.

Que si pour ce sujet quelque debats & murmures s'eleuent entre vous, quelqu'vne se pleignant qu'on luy ayt donné des vestemens pires qu'elle n'auoit pas remis, & que c'est chose indigne de soy de ce qu'elle n'est pas si bien vestuë qu'vne autre Sœur, apprenez de là combien il vous manque de ce saint habit interieur du cœur, puis que vous disputez ainsi pour les habits externes du corps.

Que si toutesfois vostre infirmité est supportée, pour vous faire auoir les vestemens mesmes que vous auiez remis, ayés neantmoins tout ce que vous posez en vn mesme lieu, & les remettrez à la garde des Sœurs à ce commises. En sorte que nulle d'entre vous ne trauaille pour soy mesme, soit pour se vestir, soit pour auoir de quoy se ceindre, ou affeubler, ou pour couurir sa teste, mais que tous vos ouurages se fassent en commun auec plus de soin, & d'allegresse ordinaire, que si vous les faisiez pour vous mesmes en particulier. Car la charité, de laquelle il est escrit, qu'elle ne cherche point ce qui est sien, ( c'est à dire, ses commoditez, ses profits, ses auantages, ) doit estre entendue ainsi, qu'elle prefere les choses communes aux particulieres, & jamais les siennes propres aux communes.

Et pour ce, vous connoistrez si vous auancez en la vertu, par le soin que vous aurez

des

des choses communes, plus que des particulieres; afin qu'en toutes les choses desquelles se sert la transitoire & passagere necessité, on voye surexceller la permanente & eternelle charité.

Et de là il s'ensuit, que ce que quelqu'vn donnera à ses filles ou à ses parentes, & alliées, ou autres, qui serōt dās le monastere, soit robes soit autreschoses necessaires, ne doit point être receu en secret, ains que tout cela soit remis au pouuoir de la Superieure, afin qu'estant mis en commun quand besoin sera, il soit distribué. Que si quelqu'vne cele ou cache ce qui luy aura esté donné, qu'elle soit condamnée & punie comme larronnesse.

## CHAPITRE IX.

*De la netteté des habits, & du soin des infirmes.*

Qve vos vestemēts soient laués, selon qu'il semblera bō à la Superieure, ou par vous mesmes, ou par les foulons; afin que le trop grand desir d'auoir des vestements nets, n'attire des soüilleures en l'ame.

Le lauement des corps, & l'vsage des bains, ne soit pas denié, quand la necessité de la maladie le requerra; mais que cela se fasse pourtant selon l'auis du Medecin, & sans murmure; en sorte que quand mesme la malade ne le voudroit pas, il soit fait ce qu'il faut faire pour

pour sa santé, que si elle veut le bain, ou autre remede, & qu'il ne soit pas expedient pour sa santé, que l'on ne suiue pas en cela son inclination; car quelques fois, ce qui delecte semble estre profitable, encores qu'il soit nuisible.

Enfin s'il y a quelque douleur cachée au corps de la seruante de Dieu, qu'on la croye simplement sans doute, mais toutes fois à sçauoir, si ce qui luy plaît, est propre à guerir sa douleur, si ce n'est pas chose asseurée, qu'on s'en conseille au Medecin.

Le soin de celles qui sont malades, ou de celles qui apres la maladie, ont besoin d'estre rauigorées, ou de celles qui sont trauaillées de quelque infirmité, ou des fieures, doit estre enjoint à quelqu'vne, afin qu'elle demande à la depence, ce qu'elle estimera estre necessaire à vne chacune.

Et soit celles qui ont charge de la depence, soit celles qui ont charge des vestements, soit celles qui ont charge des liures, qu'elles seruent de bon cœur sans murmuration à leurs Sœurs.

Qu'on demande les liures tous les iours à l'heure assignée, hors de laquelle, celles qui les demanderont soient esconduites.

Mais quant aux habits & chaussures, que celles qui les ont en garde ne different pas de les donner à celles que la Superieure connoîtra en auoir besoin.

CHAP.

## Chapitre X.

*De la paix entre les Sœurs, & de la reconciliation, & pardon des injures.*

N'Ayez parmy vous aucunes noises, debats, ou querelles, & s'il vous en arriue, terminez les promptement, de peur que la cholere croissant ne se conuertisse en haine, & ne fasse vne poutre d'vn festu, & ne rende l'ame homicide; car ce qui est escrit, que quiconque a en haine son frere est homicide, ne regarde pas seulement les hommes, mais sous le sexe masculin que Dieu crea le premier, le sexe des femmes a aussi receu ce commandement.

Celle qui par injure, malediction, ou reproche de quelque defaut, ou crime, offencera vne autre, qu'elle se ressouuienne de reparer au plustost par satisfactiō, la faute qu'elle à commise; & celle qui a esté offencée de pardonner sans contention. Que si elles se sont reciproquement offencées, elles se doiuent pardonner l'vne à l'autre, à cause de vos prieres, lesquelles doiuent estre d'autant plus saintes, qu'elles sont plus frequentes.

Or celle là est meilleure, laquelle bien qu'elle soit souuent tentée de courroux, se haste toutes fois d'impetrer le pardon de celle à laquelle elle connoit d'auoir fait l'iniure, que n'est pas celle qui est plus tardiue à se courroucer;

cer, & plus mal-ayſement auſſi ſe laiſſe perſuader de demander pardon.

Celle qui ne veut pardonner à ſa Sœur, ne doit point eſperer d'eſtre exaucée de Dieu en ſes prieres; mais celle laquelle ne veut jamais demander pardon, ou qui ne le demande pas de bon cœur, eſt en vain dans le Monaſtere, quoy qu'on ne la rejette pas d'iceluy.

Et pourtant abſtenez-vous de toutes paroles aigres & piquantes, & s'il arriue que vous en ayez proferé quelques-vnes, qu'il ne vous faſche point de produire les remedes, par la meſme bouche, qui a fait la bleſſure.

Mais quand la neceſſité de la correction vous pouſſe de dire des paroles aſpres & ſeueres, pour reprimer les inferieures, en reprenant les mœurs mal-reglés; ſi en cela vous auez outrepaſſé la raiſon, on ne requiert pas de vous, que vous leur demandiez pardon, de peur que cette trop grande humilité que vous voudriez pratiquer enuers des perſonnes, qui vous doiuet eſtre ſujettes, n'amoindriſſe, & ne ravale l'autorité que vous deués auoir pour les gouuerner. Il en faut toutesfois demander pardon au commun Seigneur de tous, qui connoit de quelle affection vous aimés celles-là meſmes, leſquelles, peut-eſtre, vous corrigés vn peu plus ſeuerement qu'il ne faudroit.

Or entre vous ne doit eſtre aucune dilection charnelle, ains ſpirituelle.

CHAP.

## Chapitre XI.

*De l'obeïssance, & des devoirs de la Superieure pour l'exacte observance des Regles.*

Soyez obeïssantes à la Superieure, comme à vostre Mere, en gardant l'honneur qui luy est deu; de peur qu'en icelle Dieu ne soit offencé. Beaucoup plus encores au Pere spirituel qui a soin de toutes vous autres.

La Superieure aura principalement soin de faire observer toutes ces choses, afin que si l'on y manque, l'on ne le dissimule point negligemment, mais que l'on en procure l'amendement & la correction; que si toutes fois il arrive quelque chose qui surpasse son pouvoir & ses forces, elle en fera son rapport au Pere spirituel qui a soin de vous.

Mais quand à elle, qu'elle ne s'estime pas heureuse pour l'autorité & maistrise qu'elle a, mais bien plustost, parce qu'elle a le pouvoir de rendre service aux autres avec charité.

Qu'elle vous soit Superieure par honneur devant les hommes, & que devant Dieu, elle soit prosternée sous vos piedz. Qu'elle se montre exemple de bonnes œuvres envers toutes. Qu'elle corrige les inquietes & remuantes. Qu'elle console les pusillanimes. Qu'elle tende les bras aux infirmes. Qu'elle soit patiente envers toutes. Qu'elle soit exacte pour

elle

elle mesme en l'obseruance reguliere, & la fasse garder aux autres auec crainte & autorité.

Et bien que l'vn & l'autre soit necessaire, que toutesfois elle affectionne plus d'estre aimée, que d'estre redoutée de vous, pensant toûjours qu'elle doit rendre compte de vous à Dieu. Et pourtât obeïssant de plus en plus n'ayez pas seulement pitié & compassion de vous mesmes, mais aussi d'elle qui est en vn peril d'autant plus grand parmi vous, qu'elle est en vne charge plus releuée.

## CHAPITRE XII.

*Que la sacrée dilection doit porter les Sœurs à l'obseruance des Regles, & de la frequente lecture d'icelles.*

Plaise à Dieu que vous obseruiez toutes ces choses icy auec dilection, comme amoureuses de la beauté des choses spirituelles, & rendans par vostre bonne conuersation, vne douce & agreable odeur en Iesus-Christ, non comme des esclaues sous la loy, mais comme enfans & libres constituées sous la grace de Dieu.

Or afin que vous puissiez souuent regarder en ce petit liuret, comme en vn miroir, & que vous ne negligiez quelque chose par obly, qu'il vous soit leu chaque semaine vne fois.

Et

*de saint Augustin.* 19

Et quand vous trouuerez que vous faites ce qui est escrit en iceluy, rendez en graces au Seigneur distributeur de tous biens. Mais quand quelqu'vne d'entre vous, connoît d'auoir failly qu'elle se repente du passé, & soit sur ses gardes pour l'auenir, priant Dieu que son offence luy soit remise, & qu'elle ne soit point induite en tentation. Ainsi soit-il.

*Fin des Regles.*

# CONSTITVTIONS
pour les Sœurs penitentes de sainte Marie Magdelaine de Lyon.

## CHAPITRE I.

*De la fin de cette institution.*

D AVTANT que nos actions ne tirent leur prix & leur valeur que de la fin, pour laquelle elles sont faites, il semble que dans le dessein de dresser des reglements pour la direction & conduite de la Maison des Penitentes de sainte Marie Magdeleine de ceste ville de Lyon, il est necessaire auant toutes choses, de leur faire connoître qu'elle est la fin que l'on s'est proposé, & à laquelle aussi elles doiuent tédre,
qu'il

pour pouuoir correspondre à la grace signalée qu'il a plû à Dieu de leur départir, en les separant par vn effect non commun de sa diuine misericorde, des occasions du monde, & bien souuent de la cruelle necessité de perir pour iamais dans le peché & l'offence de Dieu, à cause du manquement des secours temporels, aussi bien que des spirituels.

Or comme c'est à celuy qui fait l'œuure, de connoître la fin à laquelle il le destine, & que c'est nostre Seigneur Iesus-Christ qui est l'Autheur aussi bien que l'exemplaire de toute vraye penitence, il ne faut pas que dans l'institution des penitentes de sainte Magdeleine, on se propose vne autre fin, que celle que ce diuin Sauueur a euë en donnant ce grand moyen de se sauuer, apres le naufrage; & partant la fin de ceste institution, n'est autre, que celle qu'a eu ce bon Pasteur, lors qu'il a quitté le ciel & les Anges, pour chercher la brebis égarée, n'estant pas venu, comme il dit luy mesme, pour appeller les iustes, mais les pecheurs, & n'ayant point d'autre dessein que de destruire le peché dans les ames, par le secours de sa grace, & par tous les moyens que peut fournir vne vraye penitence; qui commençant par vne sincere douleur d'auoir offencé Dieu, & faisant son progrez dans la mortification de l'esprit & des sens, s'acheue & s'accomplit par vn assujetissement continuel aux ordres de Dieu, & aux loix qui sont prescrites de sa part, & en son nom.

## De la fin de l'Institution.

### §. 1.

*De la forme du Gouuernement de ceste Maison des Penitentes.*

Elle sera toujours inuiolablement soûmise à l'authorité & conduite de Monseigneur l'Illustrissime & Reuerendissime Messire Camille de Neuf-ville Archeuêque & Comte de Lyon, & de ses successeurs; & c'est pourquoy toutes celles qui auront le bon-heur d'estre admises dans ceste sainte Maison, le considereront comme leur veritable Pere, & le Pasteur qui les a retirées de la gueule du Loup infernal, pour les mettre en lieu de seureté, & de salut; & conseruant vne grande reconnoissance de ses soins Paternels & charitables, prieront iournellement Dieu pour luy.

### §. 2.

Et parce qu'il seroit difficile que des personnes seculieres enseignassent le chemin de perfection, & qu'il y auroit sujet de craindre si l'on confioit la maison aux penitentes mesmes, Monseigneur l'Archeuêque a fait choix des Religieuses de la Visitation de sainte Marie de Belle-cour pour estre employées à ce charitable exercice, & auoir la conduite Spirituelle de ceste maison des Penitentes.

### §. 3.

Pour cest effect, il y aura toujours au moins cinq Religieuses de la Visitation, lesquelles exerceront les principales charges du gouuernement Spirituel de la maison, sçauoir, la charge

charge de Superieure, d'Assistante, de Directrice, de Maistresse, d'Oeconome, de Sacristaine, & de Portiere. Elle seront toutes appellées Meres, afin qu'elles en ayent les veritables tendresses pour l'education desdites penitentes, & que celles-cy ayent tout le respect, l'amour, & la confiance filiale qu'vne si sainte liaison doit donner.

§ 4.

Le choix desdites Religieuses pour le gouuernement des Penitentes se fera par le Pere Spirituel, la Superieure, & les Conseilleres du Monastere de Belle-cour, qui apres auoir inuoqué le saint Esprit, & demandé ses diuines lumieres, choisiront celles qui seront iugées plus propres à vn tel employ, lesquelles estant ainsi choisies s'y soûmettront de bon cœur, s'estimeront heureuses d'estre employées à vn exercice si charitable, & si conforme à l'esprit de leur saint fondateur, & tacheront d'addoucir les peines qu'elles pourroient ressentir d'auoir quitté la tranquillité de leur retraite, pour prendre & embrasser des fonctions si penibles, se souuenant qu'en ce faisant elles ont part aux occupations saintes de Iesus-Christ, qui est sorti du sein de son Pere, comme il dit luy mesme, pour conuerser auec les hommes pecheurs, & les retirer du malheur eternel par de continuelles fatigues, & en s'humiliant iusques à la mort ignominieuse de la croix.

§. 5.

Les Religieuses choisies pour la conduite des Penitentes continueront cest exercice de charité

charité, tant & si longuement qu'il sera iugé à propos par le Pere Spirituel, & l'auis de la Superieure & des Conseilleres du Monastere de sainte Marie de Belle-cour, qui les pourront rappeller & changer quand bon leur semblera, ayant neantmoins egard que ce changement se fasse sans preiudice de la conduite de ces filles, & qu'autant qu'il se pourra, ce ne soit pas de toutes à la fois.

§. 6.

L'vne desdites Meres sera choisie, & nommée pour estre la Superieure, à laquelle les autres Meres rendront les mesmes deuoirs, obeïssance, & respect qu'à la propre Superieure de leur Monastere, selon leurs statuts, dans l'obseruance desquels elles tacheront de se maintenir autant qu'elles pourront ; à quoy la Superieure aura l'œil, leur parlant en particulier tous les mois, & leur tenant chapitre vne fois la semaine ; & tant elle, que les autres Meres, iront tour à tour, faire la retraite tous les ans en leur dit Monastere de Belle-cour au temps marqué, pour se fortifier dans l'esprit de leur institut, de crainte qu'il ne leur arriue de détruire leur propre perfection, en trauaillant à celle des autres.

Et parce que leurs constitutions defendent d'introduire parmi les Religieuses de la Visitation des austeritez extraordinaires, elles se contenteront d'obseruer ce à quoy leursdites constitutions les obligent, sans se charger des ieunes & penitences, qui sont particuliers aux filles Penitentes.

§. 7.

## §. 7.

### Du Pere Spirituel.

Le Pere Spirituel des Religieuses de la Visitation de Belle-cour, le sera pareillement de la maison des penitentes sous l'authorité de Monseigneur l'Archevêque.

Le pouuoir dudit Pere spirituel sera : Premierement, d'admetre dans la maison parmi les penitentes celles qu'il en iugera capables, apres les auoir dûement examinées, & leur auoir fait entendre l'obligation qu'elles ont d'y viure dans l'obeïssance, & dans l'exacte obseruance des reglements de cette maison, & auoir pris l'auis des Meres sur ce sujet.

Secondement de prendre garde & s'informer si les reglements sont fidellement obseruez, & en cas de defaut ou dechet y apporter le remede qu'il iugera necessaire. Et enfin d'y faire toutes les fonctions de vray Pere, & Superieur, & mesme la visite quand il le iugera à propos, mais iamais plus souuent qu'vne fois l'année, sinon que quelque necessité vrgente l'exigeat plus souuent. Il prendra de Monseigneur l'Archevêque, ou de son grand Vicaire, l'authorité de donner les dispenses pour les entrées dans la maison, des personnes necessaires, mentionnées au chapitre de la closture.

La reconnoissance, l'obeïssance, & le respect que les Meres & les Sœurs doiuent à Monseigneur l'Archevêque, doit s'estendre à l'endroit l'endroit du Pere Spirituel, de qui elles dependront conformement à ce qui est dit cy-dessus.

## Chapitre II.

### Du Confesseur.

#### §. 1.

LE Confesseur estant duëment approuué, sera choisi par le Pere Spirituel auec l'agréement des Meres, & sera presenté à Monseigneur l'Archeuesque, ou à son grand Vicaire pour estre admis en cette charge; Et parce qu'il doit beaucoup contribuer par ses bons auis, & bonne conduite à l'œuvre de Dieu pour l'entiere, & parfaite conuersion de celles que sa diuine bonté appellera en ceste sainte Maison, il sera necessaire, que non seulement il ayt la science requise pour vn tel employ, mais encores qu'il soit d'vn age mur, & de long-temps habitué dans les exercices de pieté, & la pratique des vertus Chrestiennes.

#### §. 2.

Il demandera à Monseigneur l'Archeuesque, ou à son grand Vicaire, le pouuoir de donner les dispenses de trauailler, ou faire trauailler les iours des festes, quand il sera necessaire, & de dispenser des ieûnes & abstinences de l'Eglise, quand la Mere Superieure le iugera à propos par l'auis du Medecin, mais il ne donnera aucune dispense, ou permission

B aux

aux Sœurs, ains les renuoyera à ladite Mere Superieure.

### §. 3.

Il ne s'entremettra point du gouuernement de la Maison, ny des filles en particulier, sinon pour ce qui regarde leur conscience aux Sacrements de Confession & Communion, selon qu'il sera marqué cy-apres au Chapitre des Sacrements ; ny mesme pour ce qui regarde l'imposition des penitences extraordinaires & publiques, s'il en falloit enjoindre pour des fautes importantes & connues, cela ne se deuant faire que par l'ordre du Pere Spirituel, & l'aduis des Meres ; & pour les autres sortes de penitences, il prendra garde qu'elles soient telles que le bon ordre de la maison n'en soit point troublé.

### §. 4.

Il aura aussi soin de maintenir les filles penitentes dans l'estime, respect, & obeissance enuers la mere Superieure, & les autres Meres, & en parfaite vnion entr'elles.

### §. 5.

Les Sœurs auront pour luy vn grand respect, joint à vne entiere confiance, & luy declareront leurs pechez auec humilité & sincerité. Il ne sera permis à aucune de se confesser à nul autre qu'à luy, sinon par ordre du Pere Spirituel ; auquel pour se conformer à ce qui est porté par le Concile de Trente, la Mere Superieure demandera vn Confesseur extraordinaire trois ou quatre fois l'année pour entendre les Confessions de toutes ; lequel ne doit non plus que l'ordinaire donner

Des qualitez pour estre receuë.  27

des advis, qui puissent troubler les filles, ny alterer tant soit peu la dependance qu'elles doiuent auoir des Meres, & leur confiance enuers le Confesseur ordinaire.

## Chapitre III.

*Des qualitez & dispositions requises en celles qui seront reçeuës.*

### §. I.

CEste maison ayant esté establie pour retirer les ames du peché & les conuertir à Dieu, l'on y pourra reçeuoir toutes sortes de filles & de vefues, soit qu'elles y viennent de gré, ou bien par la charitable violence que des personnes vertueuses leur feroient pour les mettre dans la voye de salut, pourueu neantmoins que cette contrainte se conuertisse en bonne volonté par les Instructions, & les bons exemples qui leur seront donnés. L'on ne considerera en pas vne la condition, ou la naissance, puis que Dieu n'est point accepteur des personnes, & que de tous estats il en choisit pour estre du nombre de ses enfans; Mais côme la maisõ ny sõ reuenu ne pourroiẽt pas à present côtenir toutes celles qu'on y offriroit, on pourra bien preferer celles qui pour quelques qualités naturelles, comme d'esprit, & de beauté seroient plus capables de rauir des ames à Dieu, & de les engager dans le peché.

B 2                §. 2.

## §. 2.

L'on prendra toutesfois garde de n'en point receuoir qui fussent atteintes, ou notées de crimes horribles, comme de magie, sorcellerie, & autres pactes auec les demons, ou celles qui auroient le corps chargé de maladies honteuses, contagieuses, & incurables. Et si apres la reception de quelqu'vne on venoit à reconnoître qu'elle en fût atteinte, on la fera sortir incontinent de la maison, & la remettrat'on entre les mains de ceux de qui on l'aura receuë; quand mesme elle seroit professe, sa profession sera nulle, comme elle l'est dés qu'elle a pretendu de la faire sans en donner connoissance.

## §. 3.

Et quant à celles qui seroient atteintes de quelque mal honteux & communicatif, mais duquel pourtant on peut guerir, on ne les receura point qu'au prealable elles n'ayent estez traictées, & ne soient entierement gueries, & à cét effet, toutes seront visitées quand elles entreront dans la maison.

De mesme s'il s'en rencontre qui soient enceintes, on pourra, aussi bien que les precedentes, les enuoyer à l'Hospital; si elles sont paures, pour y estre traictées, ou pour y faire leurs couches, apres quoy elles seront receuës, si elles ont les conditions conuenables.

## §. 4.

Quant aux qualitez de l'esprit, encores qu'il soit difficile de les connoître auant cette premiere reception, neantmoins l'on tâchera d'euiter, si l'on le peut, de receuoir celles qui seroient

seroient sujettes à des passions violentes, & notablement malicieuses, ou qui auroient inclination au larcin, ou à l'yvrongnerie ; & si l'on remarquoit ces vices en quelqu'vne apres sa reception, & qu'elle ne témoignât pas vne bonne volonté de se corriger, faisant ses efforts pour profiter des bonnes instructions qu'on luy donnera, & des penitences qui luy seroient imposées pour ses fautes, on la mettra dehors, ou bien on l'enfermera, selon que le Pere Spirituel trouuera bon, parce qu'ordinairement telles personnes ne profitent point pour elles mesmes, & nuisent beaucoup aux autres.

§. 5.

L'on ne receura point celles en qui on remarquera quelque indice de folie, estant incapables pour ce defaut naturel des Instructions de ceste Congregation.

§. 6.

Celles qui seront presentées, ou qui demanderont elles-mesmes d'entrer dans la maison, n'y seront point admises, qu'au préalable la Mere Superieure n'en ayt obtenu la permission du Pere Spirituel, lequel ayant veu & examiné lesdites filles, & s'estant informé des moyens qu'on offre pour leur subsistance, en agira ainsi qu'il iugera à propos. Or nulle apres sa reception ne sera mise dehors, que par l'ordre, ou la permission du Pere Spirituel.

§. 7.

Toutes celles qui seront receuës, soit de gré, ou par force, seront aussi-tost, (si le Pere Spirituel n'en ordonne autrement,) reueê-

B 3 stuës

stuës en particulier, & sans ceremonies, de l'habit des Sœurs de la Congregation, tel qui sera dit cy-apres, afin qu'elles ayent d'abord en entrant quelque marque de penitence, & ne paroisse point dans la maison auec vn habit du siecle : La Mere Superieure accompagnée des autres Meres feront cecy auec beaucoup de modestie, & dans le plus grand silence qui se pourra, essayant de donner des bonnes pensées sur l'estat de la saincte Penitence à celles qu'elles reuestiront ainsi ; & on fera le tout entre la porte du Monastere & celle du dehors, ou bien dans vne Chambre particuliere, sans bruit, & sans que les autres s'en apperçoiuent, ( s'il se peut. )

§. 8.

Celles qui seront dans la maison par force, n'auront aucune communication auec les Sœurs, & on les tiendra separées, & enfermées seules, en des petites Chambres destinées pour cela, dont on ne les fera point sortir, ( sinon que pour entendre la sainte Messe, ) si elles ne témoignent d'estre bien resoluës de changer de vie. Et tant à celles-là, qu'aux autres qui meriteront d'estre enfermées, on leur imposera des abstinences, jeûnes au pain & à l'eau, selon la qualité de leur faute, ou le detraquement qu'elles causeroient dans la maison ; le tout selon l'ordre du Pere Spirituel.

Et quant à celles qui viendront de leur bon gré, ou sans contrainte, elles seront aussi ( si l'on le peut ) tenuës dans quelque lieu separé, pendant quelques iours, selon que la Mere Superieure avisera, sans qu'elles communi-
quent

*De celles qui seront receuës.* 33

quent auec la communauté. Mais durant ce temps, ladite mere Superieure aura vn grand soin de les rendre capables de bien reconnoître, la grande misericorde que Dieu leur a faite, de les receuoir pour faire penitence dans ceste sainte maison, veu qu'il y a tous les iours tant d'ames, qui continuant vne vie criminelle, sont precipitées dans les Enfers, pour n'auoir point eu de veritable repentir, ny satisfait à la Iustice de Dieu par vne sincere penitence.

Que s'il n'y auoit point de lieu pour les separer, ou que la Mere Superieure ne le iugeat pas à propos, on les remettra à la Congregation sous la charge de la Mere Maîtresse; ainsi que les autres, quand la Mere Superieure le trouuera bon.

§. 9.

De plus, les filles qui sont receuës au nombre des penitentes de sainte Magdeleine, doiuent y entrer auec ceste pure intention de ne chercher en leur retraicte, & en tous leurs exercices que la gloire de Dieu, & leur propre salut, se souuenant que c'est la fin pour laquelle elles ont receu l'estre, & la vie; & partant si elles auoient eu quelqu'autre intention entrant dans la maison, elles la quitteront pour n'auoir que celle-là toute seule.

Et parce qu'apres auoir beaucoup offensé Dieu, elles ne peuuent luy rendre plus de gloire qu'en satisfaisant à sa Iustice, elles tâcheront de s'acquiter de ce deuoir, en prenant le vray esprit de penitence, qui consiste principalement à s'abstenir de tout peché, à viure loin des plaisirs, & delices de la terre, & à

B 4 souffrir

souffrir de bon cœur toutes les contrarietés, mortifications, peines d'esprit, & de corps, & vn perpetuel assujettissement aux loix de Dieu, & de l'Eglise, & à tous les reglements & constitutions de la maison, & le tout pour le seul & pur amour de Dieu.

## CHAPITRE IV.

### Des quatre ordres, ou rangs des Penitentes.

#### §. I.

D'Autant que par le secours ordinaire de la grace que Dieu a accoûtumé de presenter aux ames, qui veulent tout de bon se dégager des liens du peché, & trauailler serieusement à leur conuersion, elles ne sont pas conduites tout d'vn coup à ce haut point de perfection, auquel fut eleuée sainte Magdeleine dés le moment qu'elle commença de se repentir de sa premiere vie, selon le témoignage même du Fils de Dieu, qui dit que dés lors plusieurs pechez luy auoient estez pardonnez, parce qu'elle auoit beaucoup aymé; On a jugé à propos de ne pas mettre celles qui viennent nouuellement dans la maison auec les autres, qui peuuent auoir déja pris quelque teinture de pieté, de crainte qu'elles ne se relâchent par le mauuais exemple, & dangereuse conuersation de ces nouuelles venuës. C'est

### Des quatre ordres.

C'est pourquoy pour éuiter autant que l'on peut ce mêlange pernicieux, des moins parfaites auec celles qui auroient déjà acquis quelque habitude de vertu, il y aura quatre rangs, ou ordres de Penitentes; sçauoir le premier celuy des Professes, le second celuy des Nouices, le troisième la Probation, & le quatriéme la Congregation. Ce qui a quelque conuenance auec les quatre ordres, ou rangs de la penitence establie autrefois dans l'Eglise, par tous lesquels comme par des degrez, les penitens deuoient passer pour paruenir à la Participation des diuins Mystères.

§. 2.

Dans ce quatriéme rang de la Congregation seront mises celles qui viendront nouuellement en la maison pour estre dans les premieres espreuues, & lesquelles à l'exemple des Catechumenes demandent d'être admises à ce second Baptesme de la penitence, & frapent humblement à la porte pour être receuës en la famille de nôtre Seigneur.

§. 3.

Les filles de ce dernier ordre doiuent auoir vn grand soin de s'appliquer aux Instructions qu'on leur donnera, qui seront principalement sur les Mysteres de la Foy, & pour les disposer à faire au plûtost vne bonne Confession generale de toute leur vie. Elles demeurent quatre ans du moins en ce dernier ordre, si ce n'est qu'vne fidelité, & vne sagesse toute extraordinaire oblige la Mere Superieure, apres auoir pris l'advis des autres Meres, & l'ordre du Pere Spirituel, de les faire passer à la Probation.

§. 4.

§. 4.

Leur habit sera d'vne grossiere estoffe blanche, vne ceinture de corde, auec des soques aux pieds, le voile, le bandeau, & la guimpe seront de toile blanche grossiere. Et le plûtost qu'il se pourra la Mere Superieure leur fera razer les cheueux; & prendra soigneusement garde que toutes les Sœurs ayent la teste razée; & pour ce, elle nommera quelques sœurs qui auront soin de couper les cheueux tous les mois à celles qui en auront besoin; en sorte que pas vne ne demeure plus de deux mois, ou de trois tout au plus, sans se les faire couper; à moins d'vn ordre exprés du Pere Spirituel pour le contraire.

## Du troisiéme ordre.

§. 5.

Le troisiéme ordre qui est la Probation, sera composé de celles, qui apres auoir donné de fidelles témoignages de leur conuersion, seront iugées capables de pouuoir pretendre vn iour à la Profession, & qui sont dans leur essay pour y paruenir, & pour cela on pourra les nommer Probanistes, ou Pretendantes.

Apres que la Mere Superieure aura apporté les precautions marquées pour les faire passer en ce rang, elle aura soin de les faire disposer par plusieurs bons, & saints exercices de pieté Chrestienne pour receuoir l'habit, apres leur auoir fait demander publiquement pardon à Dieu, & aux Sœurs des manquements qu'elles ont commis, & des mauuais exemples qu'elles

*Du troisiéme ordre.*  35

qu'elles ont donnez, depuis qu'elles sont entrées dans la maison.

### §. 6.

L'habit de cest ordre sera d'vne grossiere etoffe sans teinture, de la couleur de l'habit des capucins, la ceinture de corde, des soques aux piedz, le voile, le bandeau, & la guimpe de toile blanche grossiere.

### §. 7.

Le iour destiné pour leur donner l'habit, la Mere Superieure fera assembler la communauté dans le chœur, où elle les voilera, & receura les protestations de celles de ce troisieme ordre, selon les ceremonies marquées au ceremonial.

### §. 8.

Elles demeureront quatre ans dans cest ordre, si ce n'est qu'on iuge qu'il faille les faire sortir plustost, ou les y tenir plus long-temps, à raison de leurs bonnes, ou mauuaises dispositions.

Celles qui ne seront pas trouuées capables de faire la sainte profession, ou qui n'auroient pas la volonté de faire les vœux, demeureront en ce troisiéme ordre, sans passer plus outre; d'autant que l'on ne doit pas donner l'habit de Nouice à celles en qui l'on ne reconoîtroit pas les qualitez requises pour faire la profession. Pour cest effect, la Mere Superieure & les autres Meres, parleront au Pere Spirituel, & luy diront sincerement ce qu'elles ont reconnu en celles, que l'on proposera pour mettre au nouiciat, afin qu'il en ordonne comme il verra pour le mieux.

## §. 9.

Mais lors que les filles auront demeuré dix ans dans la maison, bien qu'on ne les iuge pas capables de prendre l'habit du nouiciat pour paruenir à la grace de la sainte profession, soit à cause de leurs infirmitez qui les empescheroient de pratiquer pour toûjours quelques points importans des constitutions, comme les jeunes, l'oraison, & semblables, ou pour d'autres raisons, si d'ailleurs lesdites filles sont reconnuës bonnes, & vertueuses, bien affectionnées à la maison; & que leurs infirmitez soient veritables, l'on sera obligé de les garder, & ne sera plus loisible de les mettre dehors, pour quelle cause que ce soit; quand mesme (ce que Dieu ne vueille permettre) elles viendroient à faire des fautes notables, mais en ce cas on procedera contre elles, & seront penitentiées, comme on feroit pour les Professes.

## §. 10.

### *Le deuxiéme ordre.*

Le second ordre est celui des nouices, auquel seront receües celles, lesquelles temoigneront auoir vne bonne, & parfaite volonté de se consacrer toutes au seruice de Dieu, de viure dans l'esprit de penitence, & de vouloir mourir mille fois plustost que de commettre la moindre offence contre sa diuine Majesté.

Estans entrées au nouiciat, ce qui deura estre

## Du deuxième ordre.

estre environ six mois auant que prendre l'habit, la Mere Superieure leur fera faire vne retraite pour se disposer au renouuellement d'esprit, & entrer dans vne vie, en laquelle elles commenceront d'auoir vne appartenance plus particuliere à notre Seigneur Iesus-Christ, non seulement par l'habit & les marques exterieures de la sainte Religion, mais encores par vn ardent desir de tendre à la perfection.

Leur habit sera de mesme que celui de la probation, mais elles auront de plus vn scapulaire de cadi couleur minime.

### §. II.

Le iour qu'on aura choisi pour la reception des Sœurs à l'habit du Nouiciat, la communauté s'assemblera dans le chœur, & le Pere Spirituel, ou celuy qui sera député de sa part, fera cette ceremonie conformément au ceremonial.

Encores que ceste ceremonie, & celle de la Profession, se fassent publiquement à la grille, toutesfois pour bonnes & iustes considerations, on prendra garde, (si le Pere Spirituel n'en ordonne autrement,) qu'il n'y assiste que les peres temporels, bien-facteurs, & bien-factrices de la maison, & autres personnes de connoissance, ainsi que le Pere Spirituel, ou la Mere Superieure le iugeront à propos.

Apres quoy, les Nouices se regarderont comme ces victimes, qui estans offertes à Dieu, n'étoient plus destinées qu'à mourir pour luy rendre gloire, & à cét effect s'appliqueront auec toute l'affection de leurs ames, à détruire en elles-mesmes, tout amour propre,

pre, & tout ce qui est de cét estre malin, qui n'a son principe que dans le peché.

### Du premier ordre.

§. 12.

Le premier ordre est des Professes, auquel pourront paruenir celles, qui auront fait vn tel progrez dans la sainte dilection, & divine charité, que l'on puisse dire d'elles en quelque maniere, ce que nôtre Seigneur dit vn iour de leur glorieuse Mere saincte Magdeleine, que plusieurs pechés luy ont estés pardonnés, parce qu'elle a beaucoup aymé.

C'est pourquoy nulle ne sera receuë à la Profession, qu'apres que la Mere Superieure, & les autres Meres auront parlé au Pere spirituel pour luy dire sincerement les dispositions qu'elles reconnoîtront en celles, qui seront proposées.

Que si quelqu'vne n'êroit pas trouuée capable, ou l'on luy donnera encores quelques temps au dessus des deux ans destinés pour le Nouiciat, afin de se perfectionner, ou bien elle sera remise à la Probation en luy ostant le Scapulaire; ce que l'on fera même auant la fin des deux ans, au regard de celles qui se rendroient rebelles, & incorrigibles, & toûjours par l'ordre du Pere Spirituel.

§. 13.

Celles donc qui auront donné des preuues suffisantes de leurs bonnes dispositions pour la sainte Religion, depuis le temps de leur demeure

meure dans la maison, & apres auoir passé dans les trois autres rangs, pourront estre admises en cettuy-cy par l'ordre du Pere Spirituel, & de l'advis que luy en donneront la Mere Superieure & les autres Religieuses qui sont employées au gouuernement des penitentes. Et à cét effect de l'authorité de Monseigneur l'Archeuéque, & en sa presence, s'il le desire, ou autre de sa part, toute la Communauté assemblée dans le chœur, & la grille ouuerte, elles feront les vœux de Pauureté, Chasteté, Obeïssance, & Closture, mais en sorte, que si apres auoir fait lesdits vœux, elles venoient à se detraquer, commettant des fautes notables, & se rendant incorrigibles, nonobstant les advertissements charitables qui leur seront faits, en ce cas, apres vne raisonnable patience, de l'ordre, & en la presence du Pere Spirituel, ou de quelqu'vn de sa part, les marques de l'habit que doiuent porter celles de ce rang, leur seront ostées, & elles seront remises au rang, & en l'ordre de celles qui entrent dans la maison, dont elles reprendront aussi l'habit, & demeureront là iusques à ce qu'elles soient trouuées capables de passer au troisiéme ordre, & puis aux autres.

 Que si elles demeurent toûjours incorrigibles, elles seront mises en prison aussi long-temps, qu'il sera iugé à propos; c'est à dire, iusques à vne entiere, & parfaite respiscence, & iusques à ce qu'elles connoissent ce qu'elles doiuent à Dieu, & à la sainte Profession qu'elles ont faite.

§. 13.

§. 13.

Leur habit sera de mesme que celuy des Nouices excepté qu'on leur donnera vn voile de toile teinte en noir; mais elle ne pretendront d'auoir aucun priuilege, ou prééminence sur les autres, ny mesmes d'être en aucune charge de gouuernement, comme de Superieure, d'Assistante, de Directrice, Maîtresse, Oeconome, Sacristine, Portiere, & autres qui ont communication au dehors; ains seulement d'être les plus humbles, soûmises, & obeïssantes de toutes, de viure auec plus de fidelité à l'obseruance de leur regle, & à rechercher les employs les plus vils & penibles de la Maison, se considerant comme seruantes de toutes, d'autant qu'estans plus auancées que les autres, à cause de leur profession, elles doiuent aussi posseder d'auantage l'esprit de penitence, & d'humilité.

La Mere Superieure aura soin de les faire disposer à la Profession par les exercices de la retraicte durant quelques iours, & par quelque humiliation, & la reconnoissance de leurs fautes, sans specifier ce qui regarde la Confession. Et la ceremonie de la Profession se fera tout ainsi qu'elle est marquée dans le ceremonial.

## CHAPITRE V.

### De la Closture.

**§. 1.**

LA Closture sera inuiolablement obseruée conformément à ce qui est ordonné par le saint Concile de Trente, n'étant permis à personne d'entrer dans la maison, ny d'en sortir, sans permission de Monseigneur l'Archeuêque, ou de Monsieur son grand Vicaire.

**§. 2.**

La mere Superieure fera renouueller par eux, ou par le Pere Spirituel vne fois l'année, la permission pour les entrées des Officiers, & Peres temporels de la maison pendant qu'ils en auront l'administration actuelle, lors qu'il sera necessaire, & des bien-factrices: prenant garde neantmoins de ne la demander que pour celles qui n'y apporteront point de desordre, ny de dissipation.

**§. 3.**

Lors que l'on sera obligé de donner l'entrée à quelque personne seculiere, auant que leur ouurir la porte, l'on sonnera la cloche de la porte en branle, pour auertir les Sœurs de se retirer dans leurs Chambres, afin de n'être point rencontrées. Que si par surprise elles le sont, elles se souuiendront d'y paroître dans toute la modestie requise de celles qui

sont

font profession de penitence, ne s'ingerant de parler sans la permission de la Mere Superieure, ou de leurs Meres Maîtresses.

Et quand par obeïssance elles seront obligées de parler, ce sera pour repondre en peu de paroles à ce qu'on leur dira; étant vne chose essentielle à leur estat de penitence, de garder le silence auec le monde. Elles tiendront aussi le voile baissé sur leur visage deuant lesdites personnes seculieres, si ce n'est que la Mere Superieure, ou les autres Meres leur ordonnent de le leuer.

§. 4.

Le Confesseur entrant dans la maison pour confesser les malades, & assister les mourantes, sera revestu d'vn Surplis, & d'vne Estolle, suiuy d'vn clerc, s'il est necessaire, & les Meres qui l'accompagneront se tiendront en sorte qu'elles puissent voir tout ce qui se fera.

§. 5.

Quand il y aura des hommes qui trauailleront au jardin, la Mere Superieure le fera tenir fermé à clef, & ne permettra point aux Sœurs penitentes d'y aller sans l'vne des Meres.

Et en tout temps enuiron vne demie heure apres le Soleil couché, la porte dudit jardin sera fermée, & la clef renduë à ladite Mere Superieure, toutesfois en Esté pendant les grands iours, l'on pourra, (si elle le trouue bon,) laisser la porte dudit jardin ouuerte vne heure apres le Soleil couché.

Si

*De la Closture.* 43

### §. 6.

Si quelqu'vne des Sœurs penitentes par suggestion de sathan auoit tenté de violer la Closture, elle sera mise pour trois mois en prison, ou trois fois la semaine elle n'aura que du pain & de l'eau, & vn potage pour sa refection. Que si elle est Religieuse l'on augmentera la penitence, selon le jugement du Pere Spirituel, & de la Mere Superieure, & celles qui auront sçeu les mauuais desseins tant des vnes que des autres, & n'en auront adverty les meres, seront traictées de mesme comme complices.

### §. 7.

Il ne leur sera iamais permis de sortir de leur Monastere pour changer d'air, boire les eaux, & prendre les bains, se ressouuenans que les maladies que Dieu leur enuoye, font vne partie de la penitence qu'elles doiuent embrasser, pour expiation des crimes de leur vie.

## CHAPITRE VI.

### Du parloir.

### §. 1.

LEs Sœurs n'ayant quitté le monde, qui leur a esté si funeste, que pour se décharger du poids de leurs pechés, & des mauuaises habitudes qu'elles y ont contractées, en
éuiteront

éuiteront soigneusement tout commerce, & attachement particulier.

§. 2.

Pour cét effet, aucune des Sœurs penitentes ne pourra aller au parloir, & en cas d'vne grande necessité, la Mere Superieure en demandera la licence au Pere Spirituel, prenant garde de ne la demander que pour des personnes de vertu, & de probité connuë; & ne permettra qu'aucune parle au dehors qu'estant assistée d'vne des Meres, qui escoutera tout ce qui se dira, & terminera l'entretien selon qu'elle le jugera à propos. Celle qui parlera ne leuera point son voile, que par l'ordre de la Mere qui l'assiste, & ne fera sçauoir en aucune maniere aux autres, qu'elle aye esté au parloir, ny rien de l'entretien qu'elle aura eu.

## Chapitre VII.

### De la Pauureté.

§. 1.

POur reparation de ce que les Sœurs qui se consacrent à la penitence, ont par le passé employés les biens de Dieu à de si mauuais vsages, elles s'estimeront maintenant bienheureuses de pouuoir viure dans la pauureté Euangelique, & dans vne parfaite communauté de tous les biens temporels, en sorte qu'elles

### De la Pauureté.

qu'elles ne puissent méme auoir l'vsage d'aucune chose, sans la permission de la Mere Superieure.

### §. 2.

Elles n'auront non plus le maniement des biens meubles, & immeubles, rentes & reuenus de la maison, ny de tout ce qui est donné par aumône, ny mesmes des pensions données pour leur entretien, & de ce qui peut prouenir de leur trauail, ou en quelqu'autre maniere que ce soit, parce que la Prouidence de Dieu pouruoyera suffisamment à tous leurs besoins, par les soins qu'en prendront les peres temporels, & la Mere Superieure.

### §. 3.

A mesme temps qu'vne fille entrera dans la maison de quelle maniere que ce soit, on la dépoüillera de toutes choses, mesmes de ses habits, & linges, pour la reuestir de ceux de la maison, ainsi qu'il est dit ailleurs, afin que l'on la desaproprie par cette conduite de tout ce qui la pourroit attacher ou amuser. Et la Mere Superieure auec la Mere œconome fera vn memoire de tout ce qu'elle aura receu de ladite fille, & on le fermera sous la clef sans le faire seruir, jusques à ce qu'on voye qu'on en peut disposer, ce qui se fera sans le communiquer à ceste fille, & marquera-t'on sur le Livre ce que l'on aura fait pour ce regard.

### §. 4.

Comme la Mere Superieure doit pouruoir sagement aux besoins de chacune, toutes se reposeront en ses soins, & se contenteront de l'vsage commun du viure, du vestir, de l'habitation

bitation, & de ce qui est suffisant à l'estat de la pauureté de filles penitentes, sans murmurer ni se plaindre. On donnera à cest effect toutes choses auec la plus grande egalité qui se pourra, & sans aucune singularité, hors les besoins des infirmes; Il sera toutesfois loisible aux Sœurs de representer auec humilité à la Mere superieure, & à leurs Meres Maîtresses les necessitez, où infirmitez qu'elles pourroient auoir, pour en receuoir le soulagement qui sera iugé à propos.

§. 5.

Leurs chambres ne fermeront point à clef, ni rien qui soit dedans lesdites chambres; Elles ne retiendront chose quelconque, ne donneront, ni receuront rien de personne sans le congé de la Mere Superieure, ou de leurs Meres Maîtresses.

§. 6.

On receura les aumones que l'on fera à la Maison auec action de graces, pour en rendre conte comme de tout le reste; & la Mere Superieure recommandera à la communauté de reconnoître deuant Dieu dans les prieres publiques & particulieres la charité des personnes, de qui on les aura receuës, & de le faire d'autant plus que ces personnes les auroient faites plus librement, & pour la seule charité, sans obliger la Maison à faire des prieres pour elles.

§. 7.

L'on ne se seruira point de broderie d'or ni d'argent ni mesme de soye trop riche, ni encores de dentelles de fil de grand prix, pour

le

le seruice de l'Eglise & de l'Autel, si telles choses n'estoient liberalement données, n'estant pas iuste que des filles penitentes fassent de semblables despenses.

### §. 8.

Si quelque Sœur apres auoir fait la sainte profession venoit à manquer notablement à son vœu de pauureté, & qu'apres la mort elle fut conuaincue de proprieté, soit d'argent, ou d'autre chose, elle ne sera point enterrée en terre sainte, mais en quelque lieu du iardin qui ne soit pas beny, sans luminaire, & sans croix, & sans les prieres & offices ordinaires.

Pour les autres Sœurs qui n'auront pas fait profession, si elles viennent à prendre ou reseruer quelque chose sans permission & licence de la Mere Superieure, ou des autres Meres, elles seront punies & penitentiées, selon que la faute l'exigera, aussi tost que l'on en aura connoissance. A plus forte raison deura-on punir seuerement les Professes, si durant leur vie on s'apperceuoit qu'elles fussent proprietaires.

## CHAPITRE VIII.

### *De la chasteté.*

### §. 1.

LEs ames qui à l'exemple de sainte Magdeleine, aiment veritablement Dieu,

apres

après auoir receu la grace d'vne entiere & parfaite conuersion, ont sans doute vne grande horreur de tous les pechez, parce qu'ils desplaisent à Dieu, mais sur tout de celuy qui a principalement causé leur malheur dans le temps de leur dereglement.

C'est pourquoy il est bien raisonnable que les filles penitentes conçoiuent beaucoup de haine contre tout ce qui est desagreable à sa diuine Majesté. Mais plus que tout le reste, contre ce peché malheureux, qui ouure l'enfer à tant de gens, & dont il plait à nostre Seigneur les vouloir garantir, en les appellant à ceste sainte retraitte des penitentes.

Elles se souuiendront donc, que ce diuin Sauueur, ainsi qu'il est dit dans les cantiques, ne se repait que parmi les lis, c'est à dire, dans les ames pures, ou purifiées par la penitence; & partant, afin que ce bien aimé daigne prendre ses delices en elles, il faut qu'elles euitent auec grand soin, tout ce qui peust ternir tant soit peu la blancheur de ceste pureté, laquelle elles doiuent aimer & cherir singulierement. §. 2.

A cest effet, elles seront incessamment sur leurs gardes, pour empecher que sathan ne s'empare de leur esprit par quelques pensées impures; de leur cœur par des affections mauuaises; & de leur memoire par quelque idée des choses passées, parce que si elles sont fidelles en telles choses, elles reporteront vne entiere victoire & auront grande force sur tout le reste, puis qu'il est vray que ce mal, qui semble estre tout corporel, commence neantmoins

*De la Chasteté.* 49

neantmoins pour l'ordinaire par des actes interieurs, & que c'est l'esprit & le cœur qui s'en soüillent & infectent les premiers.

§. 3.

La modestie exterieure leur est recommandée comme la tutelaire de la pureté du cœur, & pour cét effect, elles se tiendront dans vn maintien humble, & ne paroîtront point deuant les seculiers, qu'ayant les mains cachées, & le voile abbatu sur le visage; & ne regarderont iamais aucun objet, qui puisse apporter le moindre dechet à ceste netteté interieure, qui est la baze de la deuotion; & qu'on ne peut se conseruer, que par le soin de se separer de toutes creatures, & des mauuaises coûtumes qu'on a eu de regarder indifferemment tout ce qui se presente à la veuë.

§. 4.

Toutes amitiés, attaches, & conuersations particulieres leur sont absolument interdictes. Iamais il ne leur sera permis de coucher deux ensemble, & tandis qu'elles n'auront point de cellules separées, leurs licts doiuent estre dressés en sorte dans leurs Chambres qu'ils soient raisonnablement éloignés l'vn de l'autre. Il ne leur sera non plus permis de demeurer deux ensemble dans vne mesme cellule, sinon de l'ordre de la Mere Superieure pour assister les infirmes; Et si l'on en trouuoit deux ou plusieurs fermées dans vne Chambre sans permission, ladite Mere Superieure leur en imposera vne penitence, & apres la troisiéme faute commise contre le present regle-

C ment

ment, elles seront defferées au Pere Spirituel, afin qu'auec l'advis de ladite Mere Superieure, & des autres Meres, elles soient punies exemplairement. Et les Sœurs qui s'apperceuront de ces fautes, & n'en donneront promptement advis, seront châtiées des mêmes peines comme complices.

§. 5.

Il leur est defendu sous de griefves peines, de tenir iamais aucuns discours des-honnestes, de familiariser, se baiser, caresser, ny parler d'vne maniere indecente, de iamais s'entretenir entr'elles de leurs fautes passées, ny des conuersations & connoissances qu'elles ont eu au monde.

§. 6.

Elles ne pourront lire d'autres Livres que ceux qui traictent de deuotion, & dont la lecture leur sera permise par la Mere Superieure.

Et afin que toute image du siecle soit entierement effacée de leur esprit, il ne leur sera iamais loisible en quel lieu que ce soit de chanter aucune chanson mondaine pour peu que ce puisse estre; bien pourront-elles chanter des Cantiques spirituels pour s'exciter à la deuotion soit aux recreations, ou ailleurs, pourueu que cela n'interrompe pas le repos, ou le recueillement des autres.

CHAP.

## Chapitre IX.

### De l'Obeïssance.

#### §. I.

IL n'est rien qui conuienne mieux à l'esprit de penitence que d'obeïr; car comme c'est le mauuais vsage de la liberté, qui fait tout le mal des ames, qui s'abandonnent à leurs propres inclinations, il faut qu'en se dépoüillant de cette mesme liberté, qui leur a esté si funeste, elles se retirent de cét abyme de peché, dans lequel elles s'estoient si malheureusement engagées, & ainsi au lieu qu'autrefois, elles disposoient d'elles-mesmes comme il leur plaisoient, il faut qu'à l'advenir elles soient parfaitement dependantes & soûmises. Iesus-Christ nôtre Seigneur ne s'est fait homme que pour ouurir & montrer aux ames penitentes la voye par laquelle elles doiuent marcher; c'est pourquoy selon la Prophetie de Dauid, dés sa venuë dans le monde, il fit profession d'vne perpetuelle obeïssance, laquelle fut telle, que non seulement il ne luy est pas eschappé vn iota, ou vn seul petit point, comme il dit luy-mesme, de l'obseruance exacte des loix imposées, mais encores apres auoir passé trente années sous la sujection de la saincte Vierge, & de saint Ioseph, il n'est point de puissance, sous laquel-

laquelle il n'aye voulu s'abbaisser, & se soûmettre. Et c'est là le diuin exemplaire que les Penitentes doiuent suiure, & imiter, en s'assujetissant de bon cœur, & sans replique, non seulement aux reglements & saintes coûtumes de la maison, mais encores aux ordres qui leur seront donnés par la Mere Superieure, ou par leurs Meres Maîtresses, & ce soit en renonçant aux lumieres trompeuses de leur propre jugement, aussi bien qu'aux inclinations de leur propre volonté.

§. 2.

Toutes seront obligées d'aymer, respecter, & obeïr en tout à la Mere Superieure, & à leurs Meres Maîtresses; de ne leur parler iamais qu'auec humilité & soûmission; & quand elles auront manqué à quelqu'vn de ces deuoirs, elles en feront la satisfaction se iettant à leurs pieds, & demandant penitence de leurs fautes.

§. 3.

Les Sœurs auront grande confiance ausdites Meres, pour leur decouurir leurs cœurs auec sincerité, sans déguisement ny artifice, aussi bien que leurs besoins interieurs & exterieurs.

§. 4.

Pour auoir l'honneur de dépendre absoluëment de la sainte obeïssance, il ne sera point loisible aux Sœurs de demander quoy que ce soit aux Officieres sans la licence desdites Meres, ny moins d'ordonner ausdites Officieres ce qui leur faudroit pour leur vsage, comme les viandes, les vestements, les remedes

medes, & choses semblables, mais s'adresse-
ront pour toutes ces choses à la Mere Superieure, ou à leurs Meres Maîtresses, ou par
l'ordre des Meres aux susdites Officieres, en
leur signifiant le congé qu'elles en ont, & receuront auec action de graces ce qui leur sera
donné, sans en parler aux autres, & sans s'en
plaindre ou murmurer. De mesme elles accep-
teront auec humilité, le refus qu'on leur
pourroit faire des permissions & soulagements
qu'elles auroient demandé, sans en témoigner
de la repugnance, ny en parler aux autres.

§. 5.

L'excellence, & l'ordre de la religion n'é-
tant soûtenu que par le fondement inébranla-
ble d'vne veritable obeissance, pour conseruer & maintenir ceste Communauté de Penitentes, les Sœurs ne feront ny n'entrepren-
dront rien qu'auec dépendance de la conduite
de la Mere Superieure, ou de leurs Meres
Maîtresses, & ne s'exempteront iamais d'aucun exercice ou obseruance, sous quel pretexte que ce soit sans permission.

§. 6.

Elles se rendront en leur particulier soigneuses & diligentes d'accomplir ce que l'o-
beissance demande d'elles; mais elles ne se
mesleront point de ce que font ou feront les
autres, ny de donner leur advis quant on ne
leur demandera pas, chacune ne deuant prendre garde qu'à soy, sans se mêler de la charge
d'autruy. Et pour cét effet il leur est tres expressément deffendu d'entrer dans la cuisine,
ny dans aucun autre Office, ny dans les

C 3  Cham

Chambres les vnes des autres, sans vne licence, ou ordre exprés des Meres; Beaucoup moins leur sera-t'il loisible d'aller respondre à la porte du dehors, si elles entendoient heurter ou sonner, & nulle ne s'arrestera auprés de la porte, ou du parloir.

### §. 7.

Elles ne prendront rien, soit dans les Offices, ou ailleurs, ny ne remueront les besongnes les vnes des autres, & ce qu'elles trouueront par la Maison, elles le remettront au lieu destiné; mais si c'estoit des lettres ou papiers, elles les porteront à la Mere Superieure, ou à leurs Meres Maîtresses, & ne les liront point.

### §. 8.

Toutes sortes de Messages, lettres, billets, ou recommandations, qui seront apportés dans la maison, ou qui en deuront sortir, seront premierement representés à la Mere Superieure, afin qu'elle en ordonne ce qu'elle trouuera pour le mieux.

### §. 9.

S'il est necessaire de dispenser quelque Sœur de quelque exercice, la Superieure en aura le pouuoir, si ce n'est que ce fut pour toûjours ou pour plusieurs années, auquel cas elle en conferera auec le Pere Spirituel pour prendre son ordre.

### §. 10.

Ladite Mere Superieure veillera auec soin pour faire que l'obeïssance deuë à la Regle aux Constitutions, & aux Ordonnances des Superieurs, & aux siennes, soit inuiolablement obse

*De l'Humilité.*

obseruée, corrigeant les fautes, qui s'y commettront, sans se regarder elle-mesme, & imposant des penitences, selon qu'il sera marqué cy-apres au Chapitre de la Correction.

## CHAPITRE X.

### *De l'Humilité.*

#### §. 1.

ENcores que l'humilité doiue estre la vertu des Chrestiens, parce qu'elle est celle de Iesus-Christ, elle appartient encores plus particulierement aux Penitentes, n'ayant rien de plus essentiel à leur estat que les sentiments d'vne profonde humilité, excités par le souuenir de la vie licentieuse qui a precedé. Toutes les Sœurs donc, pour se maintenir dans ces saintes dispositions, ne pourront iamais pretendre aux charges de Superieure, Assistante, Directrice, Maîtresse, Oeconome, Sacristaine, Portiere, & toutes autres ayant communication au dehors, ny de donner leur voix pour lesdites charges, ou pour la reception de celles qui seront receuës, soit au Nouiciat, ou à la Profession, ny pour quelque deliberation ou acte que ce soit, ne deuant entrer en Chapitre que pour dire & reconnoître leurs fautes, & receuoir les corrections, & auertissements charitables qui leurs seront faits.

#### §. 2.

Elles seront humbles, douces, cordiales,

C 4 &

affables entr'elles, cedant volontiers les vnes aux autres, se preuenant en honneur & respect; & elles s'entre-salueront par l'inclination de la teste, lors qu'elles se recontreront, sans pourtant parler & s'arrester ensemble.

Elles se nommeront Sœurs, se souuenans qu'elles sont toutes filles d'vn mesme pere nôtre Seigneur Iesus-Christ, & comme telles s'assisteront & se seruiront l'vne l'autre par le motif d'vne vraye charité. S'abstiendront de toutes disputes, paroles d'injure, de mépris, de mocquerie, de reproche, & autres semblables productions de superbe & preference d'elles-mesmes au dessus des autres. Que s'il leur arriue de tomber en de pareils manquemens elles se demanderont pardon l'vne à l'autre. Que si c'estoit au temps du silence, elles le feront par signes, se mettant à genoux & baisant la terre.

§. 3.

Pour se maintenir dans l'esprit d'humilité, elles doiuent estre bien-aises, quand on les employera aux trauaux communs, comme de porter l'eau, de bois, le linge, de la lexiue, lauer la vaisselle, seruir & veiller les malades, & semblables, elles se porteront d'elles-mesmes à telles actions, autant qu'elles le pourront, & s'offriront gayement pour y estre employées; les anciennes montreront en cela l'exemple aux autres, ne pretendant pas qu'on reconnoisse leur ancienneté que par le soin qu'elles auront de se tenir les plus humbles & rabaissés de toutes.

§. 4.

## De l'Humilité.

### §. 4.

Elles garderont leur rang selon leur reception en chaque ordre. Par exemle, la premiere qui aura fait Profession, pris l'habit de Nouice, de la Probation, ou de la Congregation precedera les autres qui auront esté receuë sapres elle; sinon que la Mere Superieure en ordonne autrement; estant à sa disposition de les faire changer de rangs, & mesme de Chambres, & autres choses, quand elle le trouuera bon; Ces changements estans quelquesfois necessaires, tant pour les détacher d'elles-mesmes, que pour les tenir dans la Pratique d'vne vraye humilité, & dans l'esprit de penitence. Toutesfois celles qui seront du chœur precederont par tout celles de leur ordre, si ladite Mere Superieure n'ordonne le contraire.

### §. 5.

Sur toutes choses elles doiuent se comporter avec grand respect & humilité enuers la Mere Superieure, & enuers les Meres, ne les approchant iamais pour leur demander quelque licence, ou pour parler de leur interieur, sans se mettre à genoux, & lors qu'elles les rencontreront, & leur feront vn grand enclin, & ne s'assoiront point en leur parlant, que par leur ordre.

C 5 CHAPI.

## Chapitre XI.

### Des Sacrements de Confession & Communion.

#### §. 1.

D'Autant que les Sacrements sont comme des sacrés Canaux par lesquels Dieu répend ses graces dans les ames, pourueu que de leur part elles y apportent les dispositions requises. Il est besoin que les Sœurs penitentes fassent vne attention toute particuliere pour se mettre en estat de pouuoir participer aux biens inconceuables qu'elles peuuent receuoir, par le moyen de la Confession & Communion, si elles s'en approchent dignement, & auec la preparation necessaire.

#### §. 2.

C'est pourquoy, pour ce qui regarde premierement la Confession, elles ne s'y presenteront qu'apres auoir produit vn acte interieur de vraye douleur d'auoir offencé Dieu, & vn ferme propos d'éuiter à l'aduenir tout peché plus que la mort. Et à cét effect ne cacheront iamais en se confessant aucun de leurs pechés, mais les declareront tous, auec beaucoup d'humilité, & de componction de cœur.

Et pour ce qui est de la Communion, elles s'en approcheront auec beaucoup de desir, & d'amour, d'amour, & dans les mesmes sentiments de l'Espouse qui disoit, i'ay trouué celuy que mon ame cherit, ie le possede, & auec sa grace, ie ne m'en separeray iamais par aucune infidelité.

§. 3.

Les Professes, les Nouices, & autres que la Mere Superieure trouuera bon, se confesseront tous les Samedis; Et pour celles de la Probation & les Congregées, elles ne se confesseront ordinairement que tous les quinze iours; voire moins souuent pour quelques-vnes des dernieres venuës qui n'en seroient pas capables, cela demeurant au iugement de la Mere Superieure, & du Confesseur.

Hors ces iours là, aucune ne pourra se confesser sans la licence de la Mere Superieure; laquelle veillera soigneusement, afin qu'il ne se passe point d'abus dans les confessions, & que les Sœurs en profitent, & auertira le Pere Spirituel des fautes notables qui se pourroient commettre en l'vsage des Sacrements, ou des attaches, & amusements inutiles, pour y remedier; de méme si elle voyoit quelqu'vne s'en retirer souuent pour long-temps, elle luy en donnera advis, pour par son ordre remedier à ce detraquement.

§. 4.

D'autant que les Professes & les Nouices, ne sont paruenuës à ces ordres & rangs, que parce qu'elles ont donné des témoignages d'vne vraye conuersion, & de vouloir conseruer soigneusement la grace de Dieu dans leurs ames, elles communieront tous les Diman-

C 6 ches

ches de l'année, & les grandes Festes de Nôtre Seigneur, & de Nôtre Dame, de saint Ioseph, de la Toussaints, de saint Augustin, de Saint François de Sales, de sainte Marie Magdeleine leur Patrône, & le Ieudy-saint.

Celles de la Probation communieront tous les quinze iours, ou pour le moins tous les mois, & les Festes susdites.

Quant aux Congregées on fera en sorte de les rendre capables de communier autant que les Probanistes, ou du moins quatre ou cinq fois l'année, comme seroit à Noël, Pasques, Pentecoste, la Feste de sainte Magdeleine, & à l'Assomption de la sainte Vierge.

§. 5.

La Mere Superieure aura le pouvoir de donner quelquesfois des Communions, & Confessions extraordinaires à celles qu'elle en iugera capables. Mais si c'estoit pour le faire souuent, comme vne fois de plus la semaine qu'à l'ordinaire, elle en prendra advis du Confesseur; & mesme en conferera auec le Pere Spirituel, si elle iugeoit qu'on la dût accorder encores plus frequente à quelqu'vne.

§. 6.

Ladite Mere Superieure pourra aussi quelquesfois retrancher & oster la Communion pour penitence à celles qui n'en profiteroient pas, ou qui auroient fait des fautes notables. Ce que des Sœurs Penitentes doiuent apprehender comme la plus grande & importante penitence qu'on leur puisse imposer : C'est pourquoy elles tâcheront de viure en sorte qu'elles qu'elles ne meritent point d'être priuées de ce Pain de vie.

## Chapitre XII.

### De l'Office Diuin.

§. 1.

Les Sœurs seront dans vne grande reconnoissance de l'obligation qu'elles ont à la misericorde de Dieu, de leur permettre de chanter ses loüanges, & faire icy bas en terre l'Office que les Anges sont dans le Ciel, apres s'en estre renduës si indignes par leurs infidelités precedentes.

§. 2.

Elles diront d'ordinaire le petit Office de la saincte Vierge, prononceront distinctement les mots de l'Office, obserueront les pauses, mediations, accens, & toutes les ceremonies marquées au Directoire de l'Office, tacheront d'ajuster leurs voix les vnes aux autres, faisant le tout auec tranquillité, & recueillement tant interieur, qu'exterieur.

§. 3.

Que si elles doiuent estre promptes à se rendre à tous les exercices dés que la cloche les y appelle, combien plus doiuent-elles estre diligentes à tout quitter, si-tost qu'elles entendront sonner l'Office, s'imaginant que le son de la cloche est comme la voix de sainte

Marthe

Marthe qui dit à châcune, ce que ceste sainte disoit à leur Mere sainte Magdeleine, le Maître est au chœur & vous appelle.

Elles s'y achemineront auec grauité & reuerence, & apres auoir fait la genuflexion & adoration deuant le saint Sacrement, elles se mettront à genoux à leurs places sans bruit, se tenans prestes pour commencer l'Office quant il le faudra, & cependant elles feront la preparation portée par leur Directoire Spirituel, ou comme on leur enseignera.

### §. 4.

Elles ne parleront pendant l'Office que pour des choses absolument necessaires, & lors elles le feront fort bas, & en peu de mots, ny ne sortiront du chœur que par l'ordre, ou permission de la Mere Superieure, ou de celle des Meres qui s'y trouuera.

Si l'on fait des fautes qui se puissent reparer, comme d'auoir commencé vn Psalme pour vn autre, ou vne Antienne, celle qui s'en apperceura la reparera doucement, reprenant à la premiere pause, le Psalme, ou l'Antienne laissés, que l'on poursuiura sans s'empresser; Mais si quelqu'vne des Meres estoit presente on luy deferera de reprendre si elle s'en apperçoit.

### §. 5.

Toutes se rendront fort attentiues pour ne point faire de fautes à l'Office diuin, sur tout celles qui auront des charges au chœur, lesquelles si elles estoient occupées durant ce temps-là par l'obeissance, en donneront advis

### De l'Office Divin.

vis à la Mere Assistante, afin que l'on supplée pour elles.

Que s'il leur arriue d'y faire des fautes, comme de se méprendre, ou ne pas entonner ce qu'elles doiuent dire seules, elles iront baiser la terre au milieu du chœur, vne fois pour la premiere faute, deux pour la seconde, & ainsi autant de fois que sera le nombre de leurs fautes; non pas tout à l'instant que la faute aura esté commise, mais apres qu'on aura acheué le Verset, ou la Leçon, ou l'Oremus, afin de ne pas apporter de la confusion au chœur, desistant de lire, ou de chanter.

Celles qui seroient causes de faire faillir tout le chœur, feront le mesme à la fin de l'Office.

Si quelqu'vne y commet des legeretés comme de rire, ou faire rire les autres, parler sans necessité, tourner souuent la teste, & leuer la veuë, ou s'y tenir auec immodestie, la Mere Superieure, ou la premiere Mere qui s'y trouuera, la fera prosterner au milieu du chœur, & y demeurer jusques à ce qu'elle luy donne le signe pour se leuer. Que si pas vne des Meres n'étoit presente, celles qui s'apperceuront de ces fautes, ne manqueront point d'en donner advis à leurs Meres Maîtresses.

Celles qui par leur negligence viendront apres l'Office commencé, se prosterneront au milieu du chœur, & y demeureront l'espace d'vn Pater & d'vn Aue, puis se mettront en leurs places.

## §. 6.

Elles ne feront que reciter l'Office tant celuy du jour que celuy de la nuit. Excepté les Dimanches & Festes, ausquelles elles chanteront Tierce, Sexte, None, & Vespres, sur quelques tons du chant Gregorien, ce qui s'obseruera lorsque le saint Sacrement sera exposé pour tous les Offices du jour.

Elles ne chanteront poit la Musique, ny se seruiront d'instruments de Musique, ny d'aucun autre chant dans le chœur, que du chant Gregorien.

## §. 7.

Les Sœurs Professes, & Nouices, qui ne sçauront pas lire, ou n'auront pas les talens pour chanter au chœur, diront tous les iours pour Matines & Laudes, dix fois le Pater & l'Aue, & vne fois le Credo. Pour Prime, Tierce, Sexte, & None, douze fois le Pater & l'Aue, & vne fois le Credo. Et pour Vespres & Complies, sept Pater & Aue, & le Credo à la fin. Et assisteront tous les iours, (si l'obeïssance ne les occupe,) aux prieres du matin, aux examens, à Prime pour dire leur Pater pour les petites heures, à la sainte Messe, à Complies pour dire leur Pater de Vespres & Complies, à Matines pour dire les Pater de cét Office-là; & aux autres Offices selon que la Mere Superieure leur ordonnera ou permettra; mais les Festes & Dimanches elles assisteront à tous les Offices; & de mémes, les Sœurs pretendantes & Congregées, lesquelles se trouueront les autres iours aux Offices qu'on leur ordonnera.

CHAP.

*De la vie Penitente.* 65

## CHAPITRE XIII.

*De la vie Penitente.*

§. 1.

QVoyque la Religion semble estre conforme dans toutes les diuerses Communautés, qui en font Profession, en ce qu'elle ne tend qu'à vne mesme fin, qui est d'eriger vn Trophée immortel à la gloire de Dieu, sur la ruine de soy-mesme; neantmoins elle ne laisse pas d'être comme ceste Reyne dont parle le Psalmiste, laquelle est enuironnée de varieté, à cause des diuers Ordres Religieux, qui se seruent de differens moyens pour arriuer à ceste fin commune & generale.

Or ceste diuersité d'applications, & d'exercices fait que châque Ordre, à son employ particulier, auquel sa regle, ses coûtumes, & ses fonctions doiuent tendre, & auoir rapport; Et ainsi les Sœurs penitentes, ayant la penitence pour leur caractere propre, doiuent considerer cette vertu, comme le centre auquel il faut que toutes leur occupations, & exercices, aussi-bien que toutes les affections, & desirs de leur cœurs, tendent & aboutissent.

Mais parce qu'il y a deux sortes de penitences l'vne interieure, & l'autre exterieure; il faut que lesdites Sœurs embrassent les saintes pratiques de l'vne & de l'autre, afin de porter

digne

dignement deuant Dieu, la glorieuse qualité de vrayes Penitentes.

### §. 2.

Elles se souuiendront donc, auant toutes choses de ceste parole que Dieu dit par vn Prophete à tous ceux qu'il appelle à la penitence, conuertissez vous à moy de tout vostre cœur, en ieûne, en pleurs, & gemissements, & brisés vos cœurs, & non vos vestements. Ce qui signifie, que toutes les austeritez & mortifications exterieures, ne formeront iamais vne vraye & sincere penitence, si elles ne proniennent d'vn cœur vrayment contrit, & humilié, qui selon Dauid, vaut mieux que tous les holocaustes.

C'est pourquoy les Sœurs auront vn soin continuel de s'exciter à vne vraye douleur & contrition d'auoir offencé Dieu, par la consideration de ce qu'il est en soy mesme, & des bicus-faits qu'elles reçoiuent sans fin de sa main liberale, & se garderont bien de pratiquer aucune mortification exterieure, pour complaire à autruy, mais seulement par le motif du pur amour de Dieu, & pour satisfaire à sa iustice.

### §. 3.

Que si elles sont vrayment penitentes de cœur, elles en feront voir au dehors des marques assurées; & pour cest effet elles obserueront exactement ce qui est marqué dans le Chapitre de la pauureté, n'ayant rien dans la maison pour leur propre vsage qui ne ressente la pauureté, & simplicité & bien qu'en toutes choses elles doiuent auoir soin de garder la
pro

propreté, & bien seance conuenable aux seruantes de Dieu, neantmoins, comme Penitentes, elles doiuent retrancher toutes superfluitez, & se rejouir mesme & remercier Dieu si le necessaire venoit à leur manquer. Et pour c'este mesme raison, elles ne rechercheront point les delicatesses, ni les aises du corps, se contentant du viure & vestiaire commun, sans se plaindre, ou murmurer, ni vouloir des particularitez, sinon autant que la Mere Superieure le iugera necessaire; & laquelle ne dispensera aucune de l'vniformité de vie, soit en viandes, ou autres choses, que pour des infirmitez qui lui soient bien certaines & connuës. Car encores que saint Augustin en sa Regle ordonne, que s'il y a quelque douleur cachée au corps de la seruante de Dieu, qu'on la croye simplement sans doute, il n'oblige pas pourtant de donner aux Sœurs les soulagements qu'elles veulent, mais seulement ceux qu'on iugera leur estre vtiles. Et de mesme quant il dit que les viures & les vestements ne seront pas distribuez egalement à toutes, parce que toutes ne sont pas de mesme complexion; Ce glorieux Pere n'entend pas neantmoins que chacune puisse demander les habits, & les viandes à sa fantaisie, puis qu'il ordonne expressement dans le mesme Chapitre, que toutes ces choses seront distribuées par la Superieure, c'est à dire par son ordre, à vne chacune selon qu'il sera besoin. Ce sera donc à la Mere Superieure seule de reconnoître ce besoin, & non aux Sœurs, qui ne se doiuent point mesler les vnes des autres, ny

se

se rendre examinatrices des infirmitez, ou soulagement de leurs Sœurs.

Mais si quelqu'vne ressentoit quelque infirmité, ou qu'elle en apperceut en quelqu'autre, elle le dira simplement à la Mere Superieure, ou à leurs Meres Maitresses, sans en parler entr'elles.

### §. 4.

Outre les abstinences, & les ieunes ordonnez par la sainte Eglise, les Sœurs feront abstinence de viande les deux iours qui precedent le mercredy des cendres, tout l'aduent, & les mercredis de l'année.

Elles ieuneront tous les vendredis de l'année, les mercredis de l'Aduent, & les veilles de l'Assension, feste Dieu, Circoncision, des sept festes de Nostre Dame, de saint Augustin, de saint François de Sales, & de leur patronne sainte Marie Magdeleine.

Mais si quelqu'vne des susdites festes, comme aussi celles de Noël, Epiphanie tant la veille que le iour, la Natiuité saint Iean Baptiste, la feste de saint Pierre & saint Paul, la Toussaints, & autres de pareille solemnitez arriuoient au Mercredy, ou vendredy la Mere Superieure dispensera de l'abstinence, ou du ieune.

Elles prendront la discipline les Lundis, & Vendredis de chaque semaine, & le Mecredy saint, l'espace d'vn Miserere, & toutes ensemble apres l'examen du soir. Mais si quelqu'vne des festes susdites arriuoient ces iours là, elles la feront la veille.

Si plusieurs ont deuotion de la prendre les

Mecre

## De la vie Penitente.

Mecredis, de l'Aduent & du Caresme, & que la Mere Superieure le leur permette, elles la pourront faire ensemble.

Mais il ne leur sera point loisible de faire aucunes autres austeritez corporelles quelles qu'elles soient, qu'auec la licence de la Mere Superieure, lui en demendant à elle seule la permission, selon la ferueur, ou le besoin qu'elles en auront.

### §. 5.

Ladite Mere Superieure aura le pouuoir de dispenser des susdites austeritez celles qu'elle iugera à propos, & mesme toute la communauté dans quelques occasions, auec neantmoins les précautions marquées au Chapitre de l'obeïssance.

### §. 6.

Celles qui par infirmité, ou foiblesse ne pourront pratiquer lesdites austeritez, y suppleeront en s'humiliant de ne pouuoir en cela faire comme les autres, & souffrant en patience, & par soumission à Dieu ce qui leur cause ceste humiliation.

## CHAPITRE XIV.

*De la pratique des vertus Chrestiennes.*

### §. 1.

Puis que l'Apostre dit que là où a abondé le peché là surabonde la grace, les Penitentes ne doiuent pas laisser inutile & vaine, celle que Dieu leur a presentée en les retirant du monde, & à cest effect, elles auront vn grand courage, & vn desir ardent d'arriuer à la sainteté, qui rend vne plus grande gloire à Dieu; Or dautant que l'on ne peut pretendre à vn si grand bien que par la pratique des vertus Chrestiennes, elles auront vn grand soin de les acquerir, & d'en faire souuent des actes, pour en former en elles les habitudes.

§. 2.

La premiere & la principale des vertus ausquelles elles se doiuent addonner, c'est la deuotion, sans laquelle la vie de retraite qu'elles entreprennent leur seroit fort difficile & penible. Mais pour acquerir ceste deuotion si souhaitable & necessaire, il est besoin de mettre en pratique les trois vertus que l'on nomme Theologales, à sçauoir la Foy, l'Esperance, & la Charité.

§. 3.

La Foy, pour s'eleuer au dessus de ses propres sentimens, & connoissances, & conceuoir par le moyen de cette lumiere surnaturelle, vne grande estime de Dieu, des choses qui regardent sa gloire, & des Mysteres de nostre Religion.

L'Esperance, pour se detacher de tout ce que l'on pourroit pretendre dans le monde, & ne respirer plus que la possession inconceuable & eternelle du souuerain bien, qui est Dieu.

La Charité, pour exciter son cœur à ne vouloir rien que pour la gloire de Dieu, le preferant à toutes choses; & à soy mesme, agissant par ce seul motif, & l'vnissant à cette bonté supreme

*Des vertus Chrestiennes.*  

preme par les actes frequens d'vn amour veritable. Et pour mieux faire croître & entretenir ce feu d'amour diuin, elles eleueront leurs cœurs à Dieu le plus souuét qu'elles pourront pendant la iournée, & sur tout quand les heures sonneront, disant interieurement, mon Dieu ie vous consacre mon cœur, & mon amour pour estre à vous à iamais.

§. 4.

Il faut aussi qu'elles tachent d'auoir vn amour particulier à notre Seigneur Iesus-Christ, qui n'est venu au monde que pour sauuer les pecheurs, & pour cela l'imiter autant qu'il sera possible dans les vertus qu'il a luy mesme pratiquées, & enseignées, à sçauoir, l'humilité en s'abbaissāt au dessous des autres, & choisissant de faire ce qui est vil, & abiect; la patience souffrant de bon cœur tout ce qui arriuera; la mortification, sur tout celle de l'esprit en ne se donant plus de liberté de penser, dire, & faire tout ce que l'on voudroit; l'obeïssance renonçant à sa propre volonté; & ainsi de toutes les vertus Chrestiennes, & Euangeliques.

## Chapitre XV.

*De l'employ de la Iournée.*

§. 1.

LEs Penitentes considereront qu'il n'est point de moment dans la vie, lequel estant

estant bien employé n'aye rapport à vne Eternité de bon-heur dans le Ciel ; puis qu'il est vray que la recompense qui en doit prouenir ne pouuant estre comprise par nous, ne doit estre limitée d'aucun espace de temps. C'est pourquoy lesdites Penitentes s'assuiettiront de bon cœur à la distribution du temps, qui leur sera icy prescrit, pour reparer la fausse liberté, & les mauuais vsages qu'elles en ont fait.

§. 2.

Depuis Pasques iusques à la feste de saint Michel, elles se leueront à cinq heures, & depuis ladite feste saint Michel, iusques à Pasques, à cinq heures & demie.

§. 3.

Demie heure apres qu'elles seront leuées, estans toutes assemblées dans le chœur, ayant fait l'acte d'adoration deuant le tres saint Sacrement, on sonnera les Aue Maria que la semaniere dira tout haut. Puis elles employeront demie heure, tant aux prieres de l'exercice du matin, qu'vne Sœur recitera à haute voix, qu'à faire l'oraison, selon l'instruction qui leur sera donnée.

§. 4.

A la fin de l'oraison elles diront Prime, qui seront suiuies de la Messe, durant laquelle vne Sœur, ayant les pieds nuds, la corde au col, & vne torche ardente à la main, fera pour toutes amande honorable à Iesus-Christ, de tant de pechez qu'elles ont commis, & que commettent les pecheurs ; & feront ceste action dans les plus profonds sentiments d'humilité qui leur sera possible.

§. 5.

*De l'employ du iour.* 73
§. 5.

En suite de la Messe on dira les prieres de fondation, si elles n'auoient estez dites deuant.

Puis chacune se rendra en diligence au lieu qui luy est marqué selon ordre, sçauoir les congregées à la congregation, les pretendantes à la probation, les nouices au nouiciat, & les professes aux rangs qui leur auront estez ordonnez, sans que pas vne s'en puisse exempter que par l'ordre ou permission de la Mere Superieure, ou de leurs Meres Maîtresses.

Elles y feront soigneusement leurs ouurages, & apprendront à lire en latin, & à chanter l'office, si elles ne le sçauent.

§. 6.

A huit heures & demie on sonnera l'instruction, à laquelle elles se rendront fort attentiues sans cesser leur trauail, & s'y comporteront comme il sera marqué en son lieu.

L'instruction finie, elles continueront leurs ouurages, & d'apprendre à lire en Latin, ou chanter l'Office, ou bien reciteront quelques Prieres vocales en trauaillant selon qu'on leur ordonnera.

§. 7.

A dix heures & demie, elles diront Tierce, Sexte, & None, au dernier Psalme desquelles, on tintera à la grande cloche, cinq ou six coups pour advertir les absentes, afin qu'elles s'assemblent au chœur, pour faire auec les autres, en suite de None, l'examen de conscience durant vn miserere.

D §. 8.

### §. 8.

A onze heures elles dîneront, & apres graces on dira le de Profundis, ou le Miserere pour les bien-facteurs viuants, qu'elles iront acheuer dans le chœur. Puis elles diront les Litanies de la sainte Enfance de Iesus, pour luy demander la pureté & l'innocence.

### §. 9.

Apres quoy elles iront en silence au lieu de la recreation qui sera d'vne heure, pendant laquelle, elles demeureront toutes ensemble, (ne pouuant point aller ailleurs sans permission,) & faisant leurs ouurages.

### §. 10.

Demy quart d'heure auant que la recreation finisse, l'on sonnera l'obeïssance, afin que les absentes se viennent presenter deuant la Mere Superieure auec les autres pour receuoir ses Ordonnances. Et cependant les Sœurs demanderont ce qui leur sera necessaire pour leurs ouurages, que celles qui en ont la charge leur donneront à l'heure mesme, s'il est possible; & de mesme celles qui auront permission de demander quelque chose aux Officieres.

### §. 11.

L'heure de la recreation finie l'on sonnera le silence, incontinent toutes se mettront à genoux pour dire l'Ave maris stella, puis demeurant à genoux, elles écouteront auec respect les Ordonnances de la Mere Superieure, ou d'vne des Meres de sa part; & quand elle aura acheué de parler, & qu'elle leur aura recommandé la sainte charité les vnes enuers

les

*De l'employ du Iour.* 75

les autres, elles se leueront & se retireront promptement chacune en son ordre, ou étans assemblées, elles reciteront tout haut en trauaillant le Rosaire ou autres prieres qu'on leur ordonnera.

Cependant l'obeïssance estant donnée la Mere Superieure & les autres Meres demeureront ensemble, pour conferer de leur propre bien spirituel & de celuy de la maison.

§. 12.

A deux heures & vn quart on fera la lecture aux Sœurs, de quelque bon Livre, jusques au premier coup de Vespres, qu'on sonnera à deux heures trois quarts, durant & apres laquelle lecture elles trauailleront.

§. 13.

A trois heures elles diront Vespres, lesquelles estans finies, elles retourneront à leurs ouurages, & celles qui en auront besoin apprendront à lire en François.

§. 14.

A quatre heures, les Meres pourront faire l'instruction, si elles ne l'auoient pas faite le matin, excepté le Samedy à cause de la Confession. Mais quand il plaira à la Mere Superieure, elle pourra faire l'instruction de toutes, soit à ceste heure-là, ou le matin, & faire assembler les Sœurs en la Chambre de Communauté; elles feront leurs ouurages pendant l'instruction, & apres qu'elle sera finie. Que si l'instruction ne se fait pas, elles étudieront la lecture en François, ou le Catechisme, ne laissant pas de faire leurs ouurages, tandis qu'elles ne liront pas.

D 2 §. 15.

### §. 15.

A cinq heures, on tiendra le Chapitre des coulpes, és iours marqués cy-apres, mais lors qu'on ne le tient pas, ou que toutes n'y deuront pas assister, elles employeront ce temps-là, à reciter le Catechisme en trauaillant, ou bien s'occuperont comme on leur ordonnera.

### §. 16.

A six heures & vn quart elles diront Complies, suiuies des Litanies de la tres-saincte Vierge.

### §. 17.

A six heures & demie, elles iront souper, ou faire collation, apres quoy ayant acheué le Miserere dans le chœur, & l'Oraison estant dite, elles s'en iront en silence au lieu de la recreation, qui sera d'vne heure; vn peu auparauant qu'elle finisse, l'on sonnera l'obeissance comme au matin pour donner le temps aux Sœurs de faire les demandes necessaires pour leurs ouurages, & aux Officieres de ce dont elles auroient besoin, & encores afin que toutes se puissent trouuer à la lecture ou entretien que la Mere Superieure fera, ou fera faire, dans le temps qui reste jusques à l'examen.

### §. 18.

Demy quart d'heure auant huit heures trois quarts, celle qui a le soin de sonner les exercices, donnera vn signe, & aussi-tost toutes se mettront à genoux, & receuront auec respect es Ordonnances de la Mere Superieure, ou d'vne des Meres de sa part, qui les ayant congediées,

*De l'employ du Iour.* 77

gediées, elles se rendront le plûtost qu'elles pourront dans le chœur, où estant toutes assemblées ; A huit heures trois quarts, on sonnera les Ave Maria, qu'vne Sœur dira tout haut, comme aussi les prieres qui se font deuant & apres l'examen ; ce qui durera en tout vn demy quart d'heure; en suite on lira le sujet de la meditation du lendemain, ( sinon que l'on eut iugé à propos de le lire auant l'obeissance, ) & puis la Mere Superieure, ou celle des Meres qui tiendra la place, leur donnera la benediction.

§. 19.

A neuf heures elles diront Matines & Laudes, & puis se retireront pour être toutes couchées enuiron vn quart d'heure apres. Et alors la Mere Directrice, ou quelqu'autre des Meres, accompagnée de celles qu'elle voudra, ira visiter toutes les Chambres & les portes, pour voir si tout est bien fermé, & les Sœurs couchées, chacune en son lict, & si quelqu'vne y manque par sa faute, on luy en imposera vne penitence.

§. 20.

Les iours de festes, elles pourront employer vne demie heure apres la Messe, à faire quelques prieres vocales, ou mentales, selon leur deuotion.

L'on auancera ces iours-là Tierce d'vn quart d'heure, ainsi que Sexte & None, à cause qu'on les chante, le soir à cinq heures & demie, elles diront les Dimanches l'Office des Morts, comme il sera dit cy-apres au chapitre 44. & les festes à

D 3  cinq

cinq heures & trois quarts, elles reciteront les sept Pseaumes de la penitence, dans le chœur, pour demander à Dieu la conuersion des pecheurs & pecheresses, & encores pour obtenir de sa douce misericorde le pardon de leurs propres péchés. La Mere Superieure pourra neantmoins dispenser de les dire, s'il y auoit quelque empêchement. Et tant lesdits Pseaumes, que l'Office des Morts, seront suiuis de Complies, quand bien mesmes ce ne seroit pas l'heure de les dire.

En ces iours de Festes, & de Dimanches, aux temps destinés aux ouurages les iours ouuriers, les Sœurs s'occuperont selon que la Mere Superieure, ou leurs Meres Maîtresses, le trouueront à propos.

§. 21.

En Caresme, Tous les exercices se feront comme dessus, excepté qu'on dira Vespres auant le dîner, les commençant le premier Samedy, & pour cét effet on auancera Tierce d'vn quart d'heure pour les dire en suite de None, & l'examen se fera incontinent apres, & au Magnificat l'on sonnera cinq ou six coups de cloche, afin que celles qui ne sont pas au chœur viennent pour faire l'examen auec les autres.

A trois heures apres midy, elles s'assembleront au chœur pour dire les Litanies de la Passion, & l'Hymne Vexilla regis, (si la Mere Superieure veut,) & en suite elles feront vn quart d'heure d'Oraison, sur la Passion de nôtre Seigneur Iesus-Christ.

Mais és iours des festes qui se rencontreront

## De l'employ du Iour.

en Caresme, elles chanteront les Offices de Tierce, Sexte, & None, à neuf heures, & Vespres à dix heures & vn quart; excepté les Dimanches que l'on dit Vespres à l'heure ordinaire apres le disné. Et pour les Litanies de la Passion, & le reste, cela se fera à l'heure, & comme la Mere Superieure le trouuera bon.

### §. 22.

Le iour de la Purification nôtre Dame, & le Dimanche des Rameaux, l'on chantera Tierce à l'heure que la Mere Superieure ordonnera, pour faire incontinent apres l'Office de l'Autel.

### §. 23.

Le Mercredy, Ieudy, & Vendredy de la semaine sainte, elles diront Matines à quatre heures du soir, Prime, Tierce, Sexte & None immediatement auant l'Office de l'Autel, & Vespres ensuitte.

A huit heures & demie, ou à neuf heures, (selon qu'il plairra à la Mere Superieure,) les Sœurs iront au chœur dire les Litanies de la Passion, le Vexilla, faire leur examen, dire le sujet de la meditation, & apres auoir receu la benediction de la Mere Superieure se retireront pour se coucher.

### §. 24.

Ez iours que le saint Sacrement sera exposé, la Mere Superieure ordonnera de l'heure qu'on deura donner la benediction, faisant auancer ou retarder Complies, comme elle verra estre mieux.

D 4 §. 25.

La veille de Noël les Sœurs feront leur examen du soir à l'heure qu'il plaira à la Mere Superieure.

Enuiron dix heures elles chanteront Matines & Laudes, apres lesquelles on dira la Messe de minuit, puis elles feront demie heure d'Oraison, & se retireront pour se coucher.

A sept heures, apres auoir fait l'exercice du matin, elles diront Prime, & puis incontinant elles entendront la Messe de l'aube.

A neuf heures, ou quand la Mere Superieure l'ordonnera elles chanteront Tierce, & en suitte se dira la Messe. Sexte, & None se pourront chanter à l'heure accoustumée.

La Mere Superieure pourra faire dire Vespres, Complies, & Matines ce iour-là, à l'heure qu'elle trouuera à propos. Comme aussi, elle aura le pouuoir de changer les heures des exercices dans quelques occasions, mais rarement. Toutesfois quand il y aura Sermon elle pourra en tout temps faire auancer ou retarder Vespres, selon la commodité des Predicateurs.

Chap.

## Chapitre XVI.

### Du silence.

#### §. 1.

DEux choses sont necessaires pour vne parfaite conuersion, la premiere de s'éloigner de tout mal, la seconde de s'vnir à Dieu, qui est le vray & vnique bien. Or est-il que l'vn & l'autre ne se peut bien obtenir que par le moyen du silence; puis que l'Apôtre saint Iacques dit, que la langue est l'vniuersité de tous maux, comme en estant la source & le principe, & que sans le silence il est difficile que les esprits ne soyent dissipés, & par consequent incapables de ceste vnion sainte qu'ils doiuent auoir à Dieu. Aussi n'est-il rien qui nous represente mieux la paix des Bien-heureux qui sont au Ciel, que ceste auguste tranquillité, dans laquelle viuent les saintes communautés qui gardent religieusement le silence; c'est pourquoy les Sœurs s'affectionneront à le pratiquer, & l'obserueront exactement és temps marqués cy-apres.

#### §. 2.

Le premier silence s'obseruera dés les Aue Maria du soir jusques apres la Messe du lendemain, ou apres Prime, si la Messe étoit retardée.

D 5

Le second depuis neuf heures & demie, jusques à la recreation du disner.

Le troisiéme dés la recreation du disné, jusques à trois heures.

Et le quatriéme depuis les cinq heures du soir jusques à la recreation.

En tout temps les Sœurs garderont le silence au chœur, au dortoir, & au refectoir.

§. 3.

Durant les heures du silence, il ne leur sera point loisible de parler entr'elles sans permission.

Et hors les temps de silence, & de recreation, elles ne pourront non plus se parler que pour les choses necessaires, & en peu de mots, sinon quand elles auront congé de s'entretenir.

§. 4.

Mais il leur sera toûjours permis de parler en tout temps, & en tous lieux à la Mere Superieure, & aux autres Meres.

## Chapitre XVII.

### Des Repas.

§. 1.

Aucune ne pourra ny boire, ny manger hors du refectoir, ny des repas sans congé, & elles le demanderont quand elles croiront d'en avoir besoin.

§. 2.

### Des Repas.

#### §. 2.

Elles se rendront promptes à se trouuer au refectoir, quand la cloche aura sonné, auec actions de graces, de ce que l'vsage des viandes, que Dieu n'a créé que pour ses Enfans, du nombre desquels elles s'estoient retirées par leurs pechés, leur soit maintenant auec plus de droit accordé en vertu de la penitence.

#### §. 3.

Elles y entreront auec grauité, y garderont vn estroit silence, vne grande modestie, sans tourner la teste, ny leuer la veuë, ne s'assoiront à table qu'apres la benediction, ny ne sortiront qu'apres les graces, & ne déplieront leurs seruiettes que quand la Mere Superieure, ou la premiere Mere qui sera au refectoir, aura dit, Au Nom de Dieu.

#### §. 4.

Les Sœurs mettront leur principale mortification à prendre sans choix ce qu'on leur donnera, soit qu'il se trouue selon leur goust, ou non, ne regardant point ce que l'on donnera aux autres, mais se rendront fort attentiues à la lecture.

#### §. 5.

Elles seront fort tranquilles & propres au refectoir, ne s'enuoyeront, ny ne presenteront l'vne à l'autre aucune chose, & ne parleront iamais entr'elles du bon ou mauuais assaisonnement des viandes.

#### §. 6.

Si quelqu'vne par negligence vient apres le Benedicite commencé, elle baisera la terre,

& si les Sœurs étoient déja à table, elle mangera à terre, ou sur vn placet, au milieu du refectoir.

De mesme s'il arriue que quelqu'vne refusat ce qu'on luy auroit donné pour manger, ou qu'elle s'en pleignit, ou murmurat, la Mere Superieure ou celle des Meres qui tiendra sa place, la fera manger à terre, ou luy imposera quelqu'autre penitence sur l'heure.

### §. 7.

La lecture se commencera le matin par vn chapitre des Constitutions, & le soir par vn du Directoire Spirituel, ou du Ceremonial; sinon le Mercredy qu'on lira sept chapitres des Regles, & le reste le soir.

Celle qui lira obseruera de le faire clairement & distinctement, & assez haut; en sorte qu'elle puisse être entenduë de toutes, ne se precipitant point, ains fera de petites pauses, priant Dieu au fonds de son ame, que ceste lecture penetre son cœur, aussi bien que ceux de celles qui l'écoutent.

Elle prendra l'ordre de la Mere Assistante pour tout ce qu'elle aura à lire la semaine, & aura soin de le preuoir afin de ne rien obmettre, ny relire ce qu'elle auroit deja leu, sinon que la Mere Superieure l'ordonnat.

### §. 8.

Elles diront le Benedicite & les graces des clercs, dans le refectoir pour la premiere table, mais elles ne diront que le Pseaume Laudate Dominum omnes gentes, en la place des autres qui sont marqués, excepté le Ieudy

*Des Conuersations.* 85

dy & Vendredy de la semaine sainte qu'elles diront le Miserere.

La Superieure ou celle qui tiendra sa place, commencera le Benedicite & les graces, & les Sœurs poursuiuront selon la coûtume.

Pour la seconde table on ne dira que le petit Benedicite & les petites graces, & on n'y lira qu'vn quart d'heure.

## Chapitre XVIII.

*Des Recreations, & Conuersations.*

### §. 1.

ENcores qu'il semble que le peché dût priuer les personnes qui l'ont commis de ce qui est accordé aux ames innocentes pour le relâche, neantmoins à cause de l'infirmité de la nature, les penitentes auront chaque iour leurs heures de recreations, pour delasser leur esprit, & le rendre plus vigoureux au seruice de Dieu.

### §. 2.

Elles auront donc pour l'ordinaire deux heures de recreation tous les iours, sçauoir vne heure apres le disner, & vne heure apres le souper, ou collation ; la Superieure pourra quelquesfois quand elle le iugera à propos, comme seroit vne fois le mois, leur en donner d'auantage, & leur permettre quelque diuertissement extraordinaire comme de manger

ger du fruit hors du repas, & semblables, mais rarement.

§. 3.

Elles feront leurs ouurages pendant les recreations, & s'entretiendront, rangées en sorte qu'elles soient toutes à la veuë des Meres, & toûjours disposées à dire naïfvement leur entretien, quand lesdites Meres le leur demanderont, elles ne se partialiseront point, n'auront aucunes communications secretes dans leurs recreations & conuersations, ne parlant point si bas que celles qui sont proches d'elles ne les puissent entendre, & iamais ne se parleront à l'oreille l'vne de l'autre, non seulement à la recreation, mais en tout autre lieu, sinon par l'ordre des Meres.

§. 4.

Elles tâcheront de rendre leur recreation & conuersation, la meilleure, & la plus sainte, qu'elles pourront, pour reparer celles qu'elles ont eu autrefois, & qui a esté si mauuaise, & pour cét effet elles se tiendront sur leur gardes, ne s'entretiendront point des curiosités, vanités, ou nouuelles du monde, des accidens, intrigues, inclinations, auantages imaginaires, & autres semblables choses, qui se sont passées pendant qu'elles viuoient dans la licence; en vn mot elles ne tiendront aucun discours qui ne soit bien-seant à celles qui font profession d'être entierement à Dieu.

§. 5.

Elles éuiteront soigneusement toutes sortes d'actions de legereté, & d'immodestie, ne parleront point trop haut, ny feront des grands

grands esclats de rire, & bien qu'il leur soit loisible de s'entretenir durant ce temps-là de discours indifferents, & qui seruent à la sainte joye, elles s'affectionneront pourtant à parler souuent de choses bonnes, côme des lectures, de la vie des Saints, du bon-heur de leur vocation, & semblables; se gardans bien non seulement en ceste occasion, mais en toutes autres, de iamais rien dire, qui puisse tant soit peu blesser la charité, ou alterer la sainte vnion, n'écoutant ny ne faisant iamais aucun rapport les vnes des autres; beaucoup moins de murmures, & desaprouuements de la conduite; se souuenant que Dieu leur est toûjours present, & pour les maintenir dans le respect de ceste diuine presence, vne Sœur tour à tour, dira trois ou quatre fois pendant la recreation, Nos Sœurs, souuenons nous que Dieu nous regarde.

§. 6.

Si hors les temps des recreations ordinaires, ou extraordinaires, on leur donne licence de s'entretenir, elles ne parleront que de choses saintes, & vtiles.

§. 7.

Celles qui ne se trouueront pas au lieu où la Communauté sera assemblée durant les recreations, & conuersations, ne pourront point quelque nombre qu'elles soient, s'entretenir ensemble, sans vn congé particulier.

CHAP.

## CHAPITRE XIX.

*Des Instructions, & de la maniere que les Sœurs s'y doiuent comporter.*

§. 1.

COmme l'ignorance est la fille du peché, elle en est aussi la mere, estant tres vray que nous ne le commettrions iamais, si nous n'ignorions combien c'est chose horrible de tomber sous la main de la Iustice de Dieu en l'offençant, c'est pourquoy, les penitentes auront grand soin de profiter des instructions qu'on leur donnera charitablement pour les retirer de ceste grossiere ignorance qui leur faisoit presque méconnoître Dieu, estant beaucoup obligées à sa misericorde de leur auoir donné moyen de sortir de ces tenebres, dans lesquelles elles ont vescu si long-temps.

§. 2.

Dans ces sentiments de reconnoissance elles doiuent se rendre aux instructions auec vn esprit docile, escoutant & receuant auec amour & respect tout ce que leurs Meres leur diront, sans les interrompre, ce qu'elles obserueront mesmes entr'elles, quant elles auront quelque chose à leur proposer.

§. 3.

## Des Instructions.

### §. 3.

Pour se mieux instruire elles feront des questions aux Meres; tant sur le sujet proposé pour l'instruction, que sur d'autres, où elles auroient quelque doute, par exemple, si elles n'auoient pas compris quelque lecture, si elles ne sçauoient pas bien quelque point de la Foy, comme on doit s'approcher des sacrements, pratiquer quelque obseruance, se comporter en telle occasion, & semblables, afin que non seulement en leur particulier, mais aussi toutes les autres puissent profiter des responses de leurs Meres.

### §. 4.

Le sujet des instructions despendra de la connoissance qu'auront les Meres Maîtresses des besoins de leurs filles. Il semble pourtant que les premieres instructions que l'on deura donner à celles qui viendront nouuellement, doiuent estre sur les points de la Foy, les deuoirs chrestiens, dans lesquels sont compris principalement l'obseruation des commandements de Dieu & de l'Eglise, l'horreur du peché, le bon vsage des sacremens, la necessité de changer de vie, & se conuertir à Dieu, par vne confession generale.

Pour celles de la probation l'on pourra leur enseigner de plus, quelques pratiques de la vie spirituelle, qui consiste toute en l'imitation de Iesus-Christ, & des vertus qu'il nous a enseignées par son exemple, & par ses paroles.

Et pour les Nouices l'on leur enseignera principalement l'ysage de l'oraison, l'esprit interieur térieur de la religion, l'obligation des vœux, & semblables. Et à toutes on les instruira dés l'abord des observances exterieures, qu'on leur repetera de temps en temps, leur montrant les ceremonies du chœur, du refectoir, & autres, afin qu'autant qu'il sera possible, il n'arriue point de desordre en la maisõ de Dieu, mais que tout y paroisse dans la bien-seance, & sainteté conuenable.

### §. 5.

Les Meres pourront commencer, finir, & entremeler l'instruction, lors qu'elles le iugeront à propos, de la lecture de quelque bon liure, & la conclurre par quelque sainte pratique, qu'elles leur enjoindront, dont elles leur feront rendre conte à l'instruction suiuante. Elles les interrogeront aussi pour connoître si elles ont bien compris ce qu'on leur a enseigné, & si elles en profitent.

### §. 6.

Il sera loisible aux Meres de changer quelquefois l'instruction en conference, faisant parler les Sœurs l'vne apres l'autre sur quelque sujet proposé, ou leur demandant comment elles se comporteront en certaines rencontres, & semblables.

## CHAPITRE XX.

### De la reddition de conte de son ame.

IL seroit difficile que la Mere Superieure, & les autres Meres pussent pouruoir aux besoins

soins spirituels des Sœurs penitentes, si lesdites Meres n'en auoient connoissance, & elles ne les pourroient iamais connoître, si lesdites sœurs ne leur ouuroient leurs cœurs, & ne leur rendoient quelque conte de leurs ames. Il est donc absolument necessaire que les Sœurs decouurent le fonds de leurs ames entierement & sincerement, tant à la Mere Superieure, qu'à leurs Meres Maîtresses, puis que c'est par ce moyen qu'elles tireront force pour surmonter les tentations, & s'auancer en la vertu. A cest effet les dites Sœurs doiuent auoir vne grande confiance en leurs Meres, sans se rebuter pour les corrections, ou penitences qu'elles en pourroient receuoir; se souuenant que les Meres estants sorties de leur douce retraite, par le mouuement d'vne vraye charité enuers elles, ne peuuent agir en de semblables rencontres, que par le mesme principe.

§. 2.

Pour leur donner donc lieu de pratiquer vn moyen si vtile pour la perfection, tous les quinze jours la Mere Superieure, ou les Meres Maîtresses leur parleront à chacune en particulier, & lors lesdites Sœurs decouuriront leur interieur auec candeur, & fidelité, sans parler que d'elles mesmes, & non des autres, & sans perdre le temps en des discours inutiles, mais seulement feront connoistre leurs dispositions pour le bien, les difficultez qu'elles ont à le pratiquer, & qu'elle est la source de leurs defauts plus ordinaires.

§. 3.

§. 3.

Les Sœurs escouteront auec grand respect les instructions, ou admonitions, qui leurs seront faites, & se rendront fort souples pour accomplir ce qu'on leur ordonnera, ou conseillera, pour leur bien, se souuenant, que c'est à Dieu qu'elles obeïssent, puis qu'il a dit, parlant des Superieurs, qui vous escoute, m'escoute.

Elles feront donc ceste action auec grande humilité, se mettans à genoux ; & s'humilians ainsi de corps & d'esprit, & auec vne parfaite confiance enuers des Meres qui n'ont que de la tendresse pour elles.

## CHAPITRE XXI.

### Du trauail Manuel.

§. 1.

POur fermer la porte à l'oisiueté qui est la nourrice de tous vices, la Mere Superieure aura soin de tenir les Sœurs bien occupées aux ouurages qu'elle leur fera distribuer, leur imprimant viuement & fortement dans l'esprit, l'estroite obligation que Dieu mesme a imposée à l'homme, lors qu'apres son peché, il luy commanda de gaigner son pain à la sueur de son front, & qu'il est de iustice que dans ceste maison, il ne soit donné qu'à celles, qui l'auront gaigné par leur trauail.

§. 2.

*Du travail Manuel.*

### §. 2.

Les Sœurs s'y rendront tres affectionnées, comme à ce qui doit faire vne partie de leur penitence, c'est pourquoy se souuenans de ce que dit le saint Esprit que celui est maudit, qui fait ses œuures negligemment, elles feront leurs ouurages auec grand soin, fidelité, propreté, & perfection, beaucoup plus que les filles du monde, puis que c'est pour obeïr à Dieu qu'elles trauaillent, pour l'amour duquel elles accompliront diligemment la tache qui leur sera donnée.

### §. 3.

Outre ce trauail manuel, auquel elles seront occupées à l'ordinaire, la Mere Superieure, ou les autres Meres, les exerceront aux trauaux corporels, quand elles le jugeront à propos, comme à lauer la vaisselle, balier la maison, la netteté de laquelle leur sera en grande recommandation; & pour cét effet, l'on en distribuera à chacune quelque lieu, selon que ladite Mere Superieure trouuera bon, qu'elles auront soin de tenir fort propre; & le balieront le Samedy, voire plus souuent s'il leur est ordonné. Le temps qu'elles prendront pour cela sera toûjours au sortir de la Messe.

### §. 4.

Celles qui rechercheront des pretextes pour s'exempter du trauail, ou qui par negligence, ou malice, perdront, ou gasteront leur ouurages, seront seuerement punies.

CHAP.

## CHAPITRE XXII.

### Du Chapitre des Coulpes.

§. I.

IL n'est rien de si necessaire aux ames qui desirent tout de bon de se reconcilier auec Dieu, par le moyen de la penitence, que de connoître ses defauts, & s'en accuser publiquement. Et c'est pour cela que Dauid dans le Psalme de la penitence qu'il a renduë publiques ne demande misericorde à Dieu, que parce qu'il connoît son iniquité. En effet, puis qu'il est dit du iuste, qu'il est accusateur de soy-mesme, dés qu'il commence d'ouurir sa bouche pour parler, il est bien raisonnable que les ames qui ont vn vray regret d'auoir offencé Dieu veulent bien s'accuser en public de leurs defauts iournaliers, puis que c'est le grand secret pour attirer les misericordes de Dieu sur elles, & pour se rendre à l'aduenir plus fidelles à leur deuoir. Outre que ceste pratique a toûjours esté reconnuë tres-vtile pour maintenir le bon ordre de la Religion.

§. 2.

Pour cet effet, la Mere Superieure tiendra ou fera tenir par l'vne des Meres, le chapitre des coulpes deux fois la semaine; sçauoir le Lundy aux Sœurs de la Congregation, & le Vendredy aux Sœurs Professes, Nouices, &

Proba

*Du Chapitre des Coulpes.*

Probanistes, sinon qu'elle trouua bon que toutes y vinssent ces iours-là ; & mesme elle pourra le tenir, ou faire tenir plus souuent, soit à toutes ensemble, ou separément selon qu'elle verra pour le mieux ; pouuant aussi en dispenser quand elle le iugera à propos.

Quand doncques il se deura tenir, on le sonnera à cinq heures du soir, celles qui deuront y assister seront promptes de partir au son de la premiere cloche, pour s'assembler au lieu destiné, auec vn grand desir de se purifier de leurs fautes par la franche accusation qu'elles en feront deuant toutes.

Elles y entreront deux à deux auec grauité, les yeux baissés, & leur robbes abbatuës, & apres auoir fait l'enclin à la Mere Superieure, (si elle est presente,) ou à quelque image de nôtre Seigneur, ou de nôtre Dame, ou des Saints, elles se rangeront de chœur en chœur, se mettans à genoux.

§. 3.

La Mere Superieure entonnera le Veni sancte Spiritus, que toutes poursuiuront, elle dira le Verset & l'Oraison ; puis elle s'assoira en son siege ; & les Sœurs à terre, elle leur lira, si elle veut, ou fera lire quelque chose tiré de quelque bon Livre, ou des Regles, dira aux Sœurs ce qu'elle estimera leur estre vtile pour leur instruction, ou amandement, & conclurra par quelque sainte pratique conforme à leurs besoins. En suitte elles se leueront quatre ensemble, deux de châque chœur, & se venant mettre à genoux deuant la Mere, s'accuseront des fautes exterieures qu'elles au-

auront commises; specialement de celles par lesquelles elles auroient mal edifié les autres, si elles n'en auoient pas fait satisfaction, parlant assez haut, afin qu'elles puissent estre aysement entendues; Elles receuront auec grand respect les auis que la Mere leur donnera, acceptant auec humilité la penitence qui leur sera enjointe, l'estimant beaucoup moindre que leurs fautes.

### §. 4.

La Mere Superieure fera la charité de les reprendre & faire remarquer les fautes ausquelles elles ne prendront pas garde, & si elle iuge à propos, de les faire auertir, ou connaistre par les autres; en cas qu'elles nient leurs fautes, celles qui seront auerties, ou conuaincues, le receuront auec humilité. Ce qu'elles doiuent faire non seulement en ceste action du chapitre des coulpes, mais en toutes autres occasions.

### §. 5.

Si quelqu'vne s'excusoit, repliquoit à la Mere Superieure, refusoit la penitence qui luy seroit enjointe, ou disoit sa coulpe comme en cholere, ou accusoit vne autre sans en auoir la charge, incontinent toutes se prosterneront à terre pour l'exciter par ceste posture, à recognoistre sa faute, à quoy la Mere l'exhortera, & luy fera faire satisfaction publique, du mauuais exemple qu'elle aura donné.

Et les Sœurs obserueront ceste pratique, non seulement en ce lieu, mais en tous autres; si quelqu'vne en leur presence parloit auec hautaineté à la Mere Superieure, ou aux autres

autres Meres, mais pourtant si c'estoit en lieu où la communauté ne fut pas assemblée, les Sœurs qui se trouueront presentes, apres ceste prosternation, (qui ne se fait qu'en mettant la teste contre terre, & qui se doit touiours faire courtement,) seront promptes à se retirer, car elles ne doiuent iamais s'amuser, à regarder, ou considerer les defauts de leurs Sœurs, beaucoup moins à les épier, ni en parler qu'aux Meres auec charité, verité, & briefueté; se souuenans que si leur Sœur se laisse maintenant emporter à sa passion, elles pourront bien faire le mesme dans quelqu'autre rencontre, c'est pourquoy elles doiuent s'humilier des fautes d'autruy comme des leurs propres, & pratiquer cest auis si salutaire, de supporter les autres, ainsi qu'elles voudroient qu'on les supportat.

§. 6.

Les coulpes acheuées toutes se leueront, & s'approchans deux à deux, feront l'enclin à la Superieure, & sortiront en silence.

§. 7.

Il leur est tres expressement deffendu de iamais parler entr'elles des coulpes, penitences, & corrections qui auroient estez dites ou faites, soit en ce lieu-là, au refectoir, ou ailleurs; & l'on imposera vne rude penitence à celle qui y contreuiendra. Que s'il arriue à vne Sœur de reprocher aux autres quelqu'vne de ces choses ou qu'elle s'en mocquat, l'on luy fera subir la mesme penitence, ou qui seroit deuë à la faute qu'elle aura reprochée, ou dont elle se seroit mocquée.

E CHAPI

## Chapitre XXIII.

### De la Correction.

#### §. 1.

D'Autant que tout ce que fait la charité a toujours quelque ressemblance auec vn principe si saint & si diuin, & que la correctió des fautes, est de cette trempe, & tire son origine de cette vertu, qui donne le prix & la valeur, à toutes les autres, les Sœurs penitentes temoigneront de vouloir de bon cœur, que la Mere superieure, & les Meres Maîtresses les auertissent, & corrigent charitablement de leurs manquements; puis que c'est chose absolument necessaire pour maintenir le bon ordre en la maison de Dieu; & que ce leur est vn moyen efficace pour satisfaire à la diuine iustice, & se sanctifier elles mesmes si elles reçoiuent la correction auec humilité.

#### §. 2.

Pour la mesme raison elles seront bien aises quand on dira leurs fautes aux Meres, leur estant vn moyen pour les mieux corriger des deffauts qui les empechent d'arriuer à la sainteté; Et ne s'informeront nullement, qui c'est qui les aura dits, & quand mesmes elles viendroient à le sçauoir, bien loin d'en auoir du deplaisir contre celle qui en auroit parlé, elles uy en doiuent sçauoir bon gré, regardant ce a comme vne action de charité, faite en leur endroit

endroit ; & quand même l'accusation ne seroit pas veritable, elles ne doiuent pas s'en
troubler, ains croire que Dieu le permet pour
leur sanctification, ou pour les châtier de
quelqu'autres pechés secrets, peut-être plus
grands que celuy dont on les accuse.

§. 3.

Neantmoins pour la consolation des Sœurs,
la Mere Superieure, & les autres Meres Maîtresses, ne receuront point d'accusation contre aucunes, qu'elles ne l'ayent bien verifié,
de crainte que quelques-vnes ne se seruent
du pretexte de charité pour contenter leurs
passions, c'est pourquoy, elles deuront examiner soigneusement l'esprit de celles qui accuseront, bien peser toutes les circonstances,
& faire en vn mot tout ce qui sera necessaire
pour connoître la verité.

§. 4.

Les Sœurs receuront la correction sans s'excuser, & se mettront soudain à genoux, & la
teste en terre, demeureront ainsi jusques à ce
que la Mere Superieure, ou les autres Meres
cessent de leur parler, alors elles se leueront,
& si les Meres sont encores presentes, elles
leur feront vn grand enclin. Et se garderont
d'en aller parler aux autres, ny de croire quand
on les corrigera, ou mortifiera, que ce soit
par passion, ou mauuaise volonté, au contraire elles doiuent être persuadées, que c'est vn
vray signe de l'amour qu'on a pour elles.

§. 5.

Que si elles étoient innocentes apres auoir
écouté patiemment la correction, elles pour-

ront demander humblement la permission de dire leurs raisons, ce qu'elles feront à genoux auec humilité & verité ; Elles en feront de même quand les Meres les interrogeront sur la correction qu'elles leur feront.

§. 6.

Si l'on corrige, ou mortifie vne Sœur en presence des autres, aucune n'entreprendra sa deffense, mais celles qui sçauroient quelque chose en faueur de son innocence, feront bien de le dire aux Meres en esprit d'humilité.

§. 7.

Encores que les Regles, Constitutions, Directoires, les Reglements, & les Ordonnances des Superieurs, & Superieures, n'obligent pas les Sœurs sous peine de peché, ( excepté les Professes pour ce qui regarde les vœux, & excepté encores, si les Superieurs, ou la Mere Superieure, commandoient ou defendoient quelque chose, en des termes qui portassent obligation sous peine de peché. ) Neantmoins toutes se rendront tres-exactes à leur obseruance, pour l'amour de nôtre Seigneur, qui leur a fait la misericorde de les retirer en ceste Ste. maison. Et à cét effet, la Mere Superieure aura grand soin de corriger les defauts qui se commettront, & d'en imposer des penitences aux défaillantes selon la qualité de la faute, toûjours neantmoins auec charité. Mais sans auoir égard pas vne, se portant courageusement & indifferemment à pratiquer enuers toutes l'exercice de la correction charitable, sçachant qu'elqu'elle répondra à Dieu des deffauts qu'elle deuroit ou pourroit corriger, si elle ne le fait pas.

―――――――――――――――――

## Chapitre XXIV.

### Des Penitences pour les fautes.

§. 1.

AFin que la Mere Superieure & les Meres Maîtresses s'acquitent mieux de l'obligation qu'elles ont d'imposer des penitences à celles qui sont sous leur charge quand elles auront failly, l'on mettra dans le Directoire Spirituel, vn chapitre des penitences qui pourront être enjointes aux Sœurs pour leurs fautes, bien qu'il sera loisible ausdites Meres de changer les penitences, & d'en donner de plus grandes ou plus petites selon les circonstances qui aggrauent ou diminuent les fautes.

§. 2.

Mais pour les fautes griefves, comme si quelqu'vne se rendoit rebelle, & obstinée en sa malice, refusat opiniatrement d'accomplir les penitences qui luy seroiët iustement imposées, s'éleuat auec grande hautaineté contre la Mere Superieure, ou les autres Meres, ou commit d'autres fautes pour lesquelles il seroit necessaire d'enjoindre de plus rudes penitences que celles qui sont marquées, comme

E 3 seroit

seroit de luy oster le voile, le Scapulaire, ou l'habit, l'enfermer en prison pour toûjours, ou pour long-temps & semblables, la Superieure en donnera advis au Superieur, afin que par ses ordres, apres qu'il en aura conferé auec les Meres, la penitence soit enjointe selon la qualité de la faute, & qu'il le iugera expedient, pour le bien de la maison, & le salut de ces pauures creatures, que l'on tâchera de r'amener à leur deuoir par toutes les voyes que l'on pourra, à quoy la Mere Superieure s'employera, auec le plus de soin & de charité qui luy sera possible.

Que si telles filles perseuerent en leur obstination & rebellion, ou qu'elles fissent quelques fautes scandaleuses, elles doiuent sçauoir, que la Mere Superieure, selon l'advis du Superieur, peut & doit employer pour leur chatiment, non seulement, les personnes qui ont soin de la maison, mais encores (s'il est necessaire) le bras de la justice seculiere. Mais les Sœurs tâcheront de viure en sorte, que par leurs deportements, elles n'obligent point qu'on en vienne à ces extremités, dont Dieu les veüille preseruer par sa misericorde.

§. 3.

S'il arriue que quelqu'vne accuse faussement vne autre, elle sera punie de la mesme peine, que meriteroit celle qui est accusée, si elle étoit coûpable, méme plus grande si celle qui accuse l'auoit fait par vne grande malice.

CHAP.

*Des habits, & licts.*

## CHAPITRE XXV.

*Des habits, licts, & linges.*

### §. 1.

EStant iuste que la penitence paroisse en l'exterieur des Sœurs, comme elles la doiuent auoir à l'interieur, pour cét effet, toutes sortes d'affetteries, de mignardises, & de delicatesses en leurs habits, & en tout ce qui seruira à leur vsage, leur sont absolument deffenduës.

### §. 2.

A ces fins leurs robbes seront d'étoffes grossieres sans teinture, faites à sac, sans aucun plis que ceux que la ceinture y pourra faire, larges d'enuiron deux aulnes, & longues iusques à la cheuille du pied, les manches seront longues iusques à l'extremité des doits, & larges d'vn peu plus de demy tier. Chacune n'en aura qu'vne pour les deux saisons.

Les manches de dessous celles de leurs robbes, seront longues iusques à l'extremité du poignet, attachées, & jointes, en sorte qu'on ne leur voye pas les bras nuds, encores qu'elles n'eussent que leurs manches de chemises. Toutesfois elles pourront les retrousser quand elles laueront la vaisselle, petriront le pain, & semblables exercices.

E 4 §. 3.

### §. 3.

Les Nouices, & les Professes porteront par dessus la robbe vn Scapulaire de cady couleur minime, large d'enuiron vn cartier, & long jusques à vn demy pied au dessous des genoux; & ne sera point attaché.

### §. 4.

Le voile, le bandeau, & la guimpe seront de toile blanche grossiere. Mais les voiles des Professes, seront de toile noire, sans doublure d'autre couleur, ils seront fort courts par derriere, aussi bien que ceux des autres Sœurs, en sorte que les deux bouts allent seulement jusques à la ceinture, seront larges d'enuiron trois quartiers & demy, s'attacheront sur les épaules, & replieront sur la teste, pour pouuoir être baissés sur le visage. Et ny les vns ny les autres ne pourront point être empesés, ny gommés; non plus que leurs guimpes, qui seront arrondies par dessous, sans toutesfois passer par dessus les bras, & s'attacheront sur les épaules. La guimpe des Sœurs Congregées, sera plus petite que celle des autres Sœurs.

### §. 5.

Les Professes, Nouices, & Probanistes, porteront sur la poictrine vn petit Crucifix de bronze, sur vne Croix noire, de la longeur d'enuiron quatre ou cinq pouces; & laquelle sera faite d'vne maniere qu'on y puisse mettre des Reliques. Les seules Professes porteront leurs Crucifix en euidence; & les autres sous leurs Scapulaires, ou leurs robbes.

### §. 6.

## Des habits, & licts.

### §. 6.

La ceinture de toutes sera de corde, auec vn chapelet de bois.

Elles porteront aux pieds des soques, ou sandales, mais quand il fera froid elles porteront des bas, & des chaussons; & mesme la Mere Superieure, pourra en autre temps en faire porter à celles qu'elle le iugera necessaire pour leurs infirmitez.

Elle fera faire aussi les cottes & les tuniques de dessous la robe, des etofes qu'elle estimera meilleures selon la necessité de chacune, observant neantmoins autant qu'il se pourra, qu'elles soient d'etofes grossieres & simples.

### §. 7.

Les licts des Sœurs seront de noyer, longs de cinq pieds & larges de deux, & quand on sera basti & qu'elles auront des cellules, ils seront faits à quenoüille couppée à la hauteur de deux pieds & demi au dessus de terre, ils seront garni de paillasse sans estre piquée, elles auront chacune deux couuertes auec vn cheuet de plume, mais la Mere Superieure pourra faire donner des matelats à celles qu'elle verra en auoir besoing, & pour des bonnes raisons elle prendra garde que celles qui seront enfermées pour leurs fautes n'ayent que des licts à treteaux.

### §. 8.

Les licts de l'infirmerie seront comme les licts ordinaires, ils pourront estre larges d'enuiron trois pieds, ou trois pieds & demi, & longs de six, pour la commodité des malades.

on y vsera de matelas, & seront entourez d'étoffe de droguet gris.

### §. 9.

Les meubles des celules des Sœurs seront, vne table de Sapin à tiroir, & à buffet, mais sans serrure, vne chaise de paille, vn chandeiller de bois, ou vne lampe, vn benitier de terre, vn Crucifix d'os, ou de bois, sur vne Croix de bois, haute d'enuiron vn pied & demy, ou deux pieds, & quelques images deuotes, ou vn tableau, de la hauteur d'enuiron deux ou trois pieds.

### §. 10.

Elles n'auront ny dans leurs Chambres, ny ailleurs, aucune cassette, ny rien qui ferme à clef, sinon les Officieres dans leurs Offices, par l'ordre de la Mere Superieure. Ne garderont chose aucune dans leurs Chambres, ny autre part sans permission, ne tiendront point sur elles, ny dans leurs Chambres, aucun parfum, que par l'ordre de ladite Mere Superieure. Ne porteront ny bagues, ny brasselets, ny rubans de soye, & les Livres dont on leur permettra l'vsage doiuent être simplement reliez. Bref, elles auront en singuliere affection que tout ce qui leur seruira, ressente la simplicité, l'humilité, & la pauureté Religieuse, comme les marques de l'esprit de penitence, & pour cela mesme tous les meubles de la maison seront faits simplement & sans façon.

### §. 11.

Elles ne se seruiront point de gands laués ny parfumés; mais la Mere Superieure leur pourra

pourra permettre durant l'hyuer l'vsage des autres gands, & ce seulement pour la necessité de leurs ouurages, c'est pourquoy hors de là elles ne les porteront point, specialement au chœur, au refectoir, & au chapitre, ny les iours de Festes. Et le froid estant passé, elles les remettront à la Sœur robbiere, les attachant ensemble, & y mettant vn billet de leurs noms, pour leur être rendus, selon que la Mere Superieure trouuera bon.

Elles ne porteront point aussi de cors picqué & à balaine, mais à cause de la necessité de leur trauail, la Superieure pourra permettre six ou huict balaines tout au plus, deuant le seul estomac, à celles qu'elle verra en auoir besoing, sans aucune autre façon, & tiendra main que ces cors lassent deuant.

§. 12.

Leurs chemises & leurs linceulx seront de toile grossiere, comme aussi tous les autres linges qui seruiront pour leur vsage. Neantmoins on en pourra auoir à l'infirmerie d'vn peu plus deliez, selon la necessité des malades.

§. 13.

Elles remettront fidellement à la Sœur robbiere, les couuertes, les habits, & les chaussures, dont elles ne se seruiront plus, apres les auoir bien secoüez, & nettoyez, & y mettront des billets de leurs noms, afin que si la Mere Superieure le iuge à propos, ils leurs soient rendus pour vne autre saison.

Elles seront fort propres en leurs habits, mais sans affectation ny curiosité, & seront soigneuses d'aduertir la Sœur robbiere lors

E 6    qu'ils

qu'ils auront besoin d'être recousus, ou r'appiecés. §. 14.

Tous les Lundys apres la Messe, elles rendront diligemment tout leur linge sale de la semaine precedente, & ne garderont aucun linge, que celuy qu'on leur aura donné châque semaine. §. 15.

Pour beaucoup de bonnes raisons, on tiendra vne lape qui éclairera toute la nuit, à l'endroit que la Mere Superieure jugera à propos.

## CHAPITRE XXVI.

### Des retraites, & renouation des Vœux.

§. 1.

ENcores que la vie des penitentes de ceste sainte maison, destinée pour les retirer des occasions de tout mal, doiue être vne perpetuelle retraicte; neantmoins il est absolument necessaire qu'vne fois tous les ans, on leur donne quelque temps pour vacquer plus particulierement à connoître leurs besoins spirituels, & à découurir la source de leurs principaux manquemens, pour y apporter les remedes conuenables.

Dieu dit à l'ame qui desire le salut, qu'il la menera dans la solitude, & que là il parlera à son cœur; c'est vne faueur inestimable quand Dieu parle au cœur, d'autant que ceste parole diuine, qui s'addresse au cœur, le remplit aussi-tost de la diuine charité, qui vaut mieux que toutes choses; ce qui ne se peut
bien

*Des retraites, & renouation.* 109

bien obtenir que dans la retraicte. De là est qu'il fallut que les Apôtres & les Disciples demeurassent retirés pendant dix iours dans le cenacle, afin qu'ils fussent dignes de receuoir ces langues de feu qui les deuoient remplir des ardeurs du diuin amour. Et sainte Magdeleine mesme, ayant beaucoup aymé dés le moment de sa conuersion, s'est retirée dans vne affreuse solitude pour pouuoir conseruer en son ame les diuines flammes d'vn si parfait amour.

Pour ces raisons donc, & pour imiter vne si grande sainte, les penitentes aimeront la sainte retraite, & s'y affectionneront comme à vne chose, dont l'vsage est tres vtile pour la sanctification de leurs ames.

§. 2.

A cest effect, toutes les sœurs professes, & mesme les nouices, & probanistes, si la Mere Superieure le trouue bon, feront dans le temps du caresme, six, sept, ou huit iours de retraite, ou dix au plus, selon que la dite Mere Superieure auisera.

§. 3.

Elles seront conduites dans ladite retraite, selon que la Mere Superieure trouuera qu'elles auront profité, & fait progrez dans la vertu, & dans pieté, donnant le suiet de leurs meditations, & occupations des iournées de la retraite conformement à leur capacité.

§. 4.

Outre cete retraite particuliere, toutes feront trois iours de retraite, auant Noël, auant Pasques commençant le Mecredy saint, auant

la

la Pentecoste, & auant la feste de leur Patronne la glorieuse sainte Magdeleine ; pendant lesquels iours de retraite, elles ne feront point de recreation que celle du soir, qui sera toute employée à parler de choses saintes & pieuses.

Pour les autres temps de recreation, d'instruction, & le reste de la iournée qu'elles doiuent estre ensemble, elles escouteront en silence, & auec recueillement en faisant leurs ouurages, les lectures que les Meres leur feront, ou feront faire, & les enseignements qu'elles leur donneront sur les Mysteres, ou s'occuperont à dire le Chappelet, & autres prieres en trauaillant ; selon que les Meres leur ordonneront.

Elles feront ces iours-là demie heure d'oraison mentale, ou vocale, apres Vespres, & les trois iours de tenebres apres Complies. Et tâcheront de se porter auec plus d'ardeur à tous les exercices, de se tenir plus recueillies, & d'obseruer plus exactement le silence.

§. 5.

Quoy que celles qui se sont consacrées au seruice de Dieu, par les vœux solemnels de la religion, ne puissent augmenter l'appartenance qu'elles ont par ceste consecration à sa diuine Majesté, neantmoins tout ainsi que Iesus-Christ s'étant immolé vne fois à son Pere sur l'arbre de la Croix, ne laisse pas de luy estre tous les iours offert sur nos Autels, pour renouueller le même Sacrifice ; de même il est à propos que les penitentes renouuellent tous les ans l'oblation qu'elles ont faites d'elles-mêmes

*Des retraites, & renouation.*

mêmes à Dieu en leur Profession, non seulement pour se conformer à ce divin exemplaire, mais encores pour prendre nouuelle vigueur & nouuelles forces, afin de s'acquitter toûjours de mieux en mieux des deuoirs de la religion, par la consideration d'vn engagement que les vœux doiuent rendre aussi saint, qu'il doit être inuiolable.

C'est pourquoy, le iour de sainte Marie Magdeleine les Sœurs Professes renouuelleront leurs vœux immediatement deuant la Messe, entre les mains de celuy qui la deura dire, ou du Pere Spirituel. Et les Sœurs Nouices, & Probanistes, renouuelleront aussi leur protestation entre les mains de la Mere Superieure, à l'heure qu'elle iugera plus à propos.

§. 6.

Outre ceste renouation publique les Sœurs renouuelleront leurs vœux, & leur protestation, le premier Dimanche ou la premiere Feste de chaque mois, à la fin des prieres du matin, & pour cela châque Sœur aura la formule de ses vœux, & de sa protestation signée de sa main, qu'elle lira alors tout bas, en mesme temps qu'vne Sœur les lira tout haut.

Pour les disposer à faire ceste action auec profit, la Mere Superieure les en auertira la veille à l'obeïssance du matin, & le soir apres la recreation, elle leur lira ou fera lire, si elle veut, quelque instruction pour leur apprendre la maniere de bien faire ce renouuellement ; ce qu'elle fera aussi les trois iours qui precedent la Feste de sainte Marie Magdeleine.

CHAPI

## Chapitre XXVII.

### Des Offices des Meres. Et premierement de la Mere Superieure.

#### §. 1.

C'Est vn œuure tres-saint, & digne de l'esprit tout brulant du feu du diuin amour de saint François de Sales, d'auoir donné commencement à ce saint institut, qui sous les auspices de la tres-sainte Vierge, met tant d'ames innocentes, à couuert des dangers, & des occasions du peché, dans la sainte religion : mais cela ne suffit pas aux ardeurs de ce grand cœur, & c'est pourquoy, ayant luy-mesme beaucoup trauaillé, & par ses paroles, & par ses escrits à la conuersion des pecheurs, il a bien approuué, & voulu que ses filles de la Visitation l'imitassent encores en ce point, & que quelques-vnes d'entr'elles voulussent bien contribuer genereusement leurs peines & leurs soins, à la conuersion des filles qui se troueroient engagées dans le mal-heur du peché. Celles donc que Dieu appellera à la conduite des penitentes de sainte Magdeleine, se souuiendront qu'en ce faisant elles ont le bon-heur de remplir le grand dessein de leur saint Fondateur, qui receura dans le Ciel augmentation d'vne gloire accidentelle,

*De la Mere Superieure.* 113

telle, de voir ses filles, non seulement s'appliquer à leur propre salut & sanctification, mais encores à l'exemple de ce grand Saint, qui a imité de si pres nôtre Seigneur Iesus-Christ, à tirer les ames de la plus grande de toutes les miseres qui est celle du peché.

§. 2.

La Mere Superieure, ainsi que les autres Meres, se rendront soigneuses d'obseruer tout ce qui leur est marqué pour l'exercice de leurs charges, tant dans ces Constitutions, que dans le particulier.

Elles auront tout le respect, la soûmission, & l'obeïssance, qu'elles doiuent à Monseigneur l'Archeuêque, aussi bien qu'à celuy qu'il aura commis pour le gouuernement de la maison, en qualité de Superieur particulier, à sçauoir le Pere Spirituel, auquel ladite Mere Superieure aura recours dans toutes les occasions importantes, & ou elle aura quelque difficulté, comme il luy est ordonné dans la Regle. Elle traitera toûjours auec luy sincerement, luy faisant sçauoir l'estat de la maison, sans luy déguiser les choses, ny les fautes notables qui se pourroient commettre, les remedes qu'elles y auroit apportés, ou ceux qu'elle estimeroit necessaires. Et le ressouuiendra aussi de faire la visite vne fois l'année, s'il le trouue bon; & en toutes choses elle receura de luy les lumieres qui luy seront necessaires pour l'exercice de sa charge.

§. 3.

Elle, & les autres Meres, conserueront vne intime vnion auec la Communauté de sainte

Marie

Marie de Belle-Cour, & auront vne cordiale communication auec la Mere Superieure de ce Monastere-là, luy demendant ses advis dans les occurrences.

### §. 4.

Afin que la Mere Superieure des penitentes puisse auoir vne plus entiere connoissance, de l'estat & des besoins de toutes ses filles, elle leur parlera en particulier toutes les six semaines, ou pour le moins de deux en deux mois ; ce qui n'empéchera pas qu'elle ne le puisse faire plus souuent, si elle le iuge à propos. Et toutes auront la liberté de luy parler, & s'addresser à elle en tout temps.

### §. 5.

Elle aura vn soin particulier d'instruire, ou faire instruire les malades, afin qu'elles sçachent profiter de leurs maux, & ne se rendent point trop tendres, difficiles, ou delicates ; Veillera à ce que les infirmieres, & celles qui sont destinées pour les seruir, s'acquitent soigneusement de leur deuoir. Et quand elle iugera necessaire de faire entrer le Confesseur, Medecin, Apothicaire, & Chirurgien pour les visiter, elle y deura estre presente, ou vne des Meres.

Quand les malades ne pourront aller, ou estre portées au chœur, elle fera entrer le Confesseur tous les huit iours pour les confesser, mesme plus souuent si elle l'estime necessaire. Pour la Communion on la leur portera comme elle le iugera à propos par l'advis du Confesseur.

Et lors qu'elles seront dangereusement malades,

## De la Mere Superieure.

lades, elle aura grand soin de leur faire administrer les derniers Sacrements; qu'elles soient bien instruites & aidées pour faire saintement le passage de ceste vie à l'Eternité, & autant qu'il se pourra munies de la benediction du Prestre en ce dernier moment.

### §. 6.

Elle prendra garde que les Sœurs profitent des instructions de leurs Meres Maîtresses; pour cét effet, elle pourra, lors que son loisir le luy permettra, assister aux instructions; ou bien faire repeter aux Sœurs les leçons qu'on leur aura données, pour connoître le profit qu'elles en retirent, & les redresser en mesme-temps, des manquements de respect, & de soûmission qu'elles commettroient à l'égard de leurs Meres Maîtresses, leur imprimant autant qu'il sera possible la confiance qu'elles doiuent auoir en leur endroit, mais sans attachement en sorte qu'elles soient toûjours disposées aux changements que l'obeïssance en pourroit faire.

### §. 7.

Elle ordonnera des charges de la maison ainsi qu'elle verra pour le mieux, nommant aux obeïssances, mais sans aucun jour determiné, celles des Sœurs qu'elle iugera à propos pour les exercer, les pouuant changer, oster, ou laisser selon qu'il luy semblera bon, en prenant toutesfois l'aduis des Meres. Mais elle fera tres-bien de ne les donner qu'à celles, qui seront humbles, & obeïssantes, & prendra garde que châcune s'en acquite auec soin, & sans hautaineté.

### §. 8.

### §. 8.

Elle ne permettra point qu'aucune des Sœurs penitentes apprenne à écrire, chiffrer, ou jetter, ny même qu'elles ayent des plûmes, ny écritoires, soit en general, soit en particulier. Que s'il est necessaire que quelqu'vne écriue des lettres, ( ce qu'il faut éuiter autant que l'on pourra, ) on la fera aller en la Chambre d'vne des Meres pour y écrire, & en sa presence ( s'il se peut, ) & apres que la Sœur aura écrit, elle remettra sa lettre à la disposition de la Mere Superieure, pour en faire ce que bon luy semblera, sans qu'il soit loisible à ladite Sœur de s'informer si l'on aura fait tenir sa lettre, & sans en demander la réponse.

### §. 9.

Le Sceau de la maison sera graué d'vne sainte Magdeleine au pieds de la Croix, duquel Sceau on cachetera les lettres des Sœurs, lors qu'il faudra qu'elles en écriuent, & en marquera-t'on la vaisselle, & autres meubles qui doiuent être marqués. La Mere Superieure gardera ce Sceau, ou le remettra à la Mere œconome pour s'en seruir au besoin.

### §. 10.

Ladite Mere Superieure aura aussi vn petit cachet des armes de la Visitation, pour cacheter ses lettres, & celles des autres Meres, & elle commettra vne d'elles pour auoir soin de leurs linges, de leurs habits, & licts, laquelle aura vn lieu pour les fermer, afin qu'ils ne se mêlent parmy ceux des penitentes, & les distribuera selon qu'il est porté par les reglements

*De la Mere Superieure.* 117
reglements de leur inſtitut.
### §. 11.

La Mere Superieure ſe rendra ſoigneuſe de diſpoſer, ou faire diſpoſer les nouvelles venuës, à faire au plûtoſt vne Confeſſion generale de toute leur vie, leur donnant pour cela toute l'aide poſſible, ou leur procurant, (s'il eſt beſoin.) l'aſſiſtance du Confeſſeur; elle fera auſſi que les Sœurs ſe preparent à prendre l'habit de Nouice, ou faire la ſainte Profeſſion, par la retraite de quelques iours, ſelon qu'elle iugera à propos; les dirigeant, ou faiſant diriger par l'vne des Meres, pendant leurs exercices, prenant garde qu'elles y ſoient bien occupées, & n'y perdent point le temps, & leur donnant des meditations, & des lectures propres à leur faire bien conceuoir l'importance de leur action.

### §. 12.

Elle ſe rendra fort attentiue à donner des liures aux Sœurs, de la lecture deſquels elles puiſſent tirer profit, pour leur auancement en la perfection, & les enflammer en l'amour diuin; tels que ſont les vies & hiſtoires des Saints & Saintes; les Confeſſions & Soliloques de ſaint Auguſtin, les Livres de ſaint Bernard, ceux de ſaint François de Sales, d'Auila, de Grenade, la doctrine Chreſtienne du Cardinal Bellarmin, la perfection du Chrêtien du Cardinal de Richelieu, l'Imitation de Ieſus-Chriſt, celle de nôtre Dame, la methode de l'aimer & la ſeruir, le Combat ſpirituel, les Livres de Rodriguez, Nieremberg, Haineufve, Saint-Iure, la vie & le Royaume de
IESVS,

Iesvs, & semblables, qui leur seruent d'exemple & de pratique pour la vertu, plûtost que de ceux qui en ont moins, quoy qu'ils ayent plus de doctrine, mais laquelle ne sert tres-souuent qu'à remplir les ames de vanité.

### §. 13.

Si elle trouue que les Sœurs ayent besoin de se confesser quelquefois extraordinairement, hors des quatre fois marquées, elle en pourra parler au Pere Spirituel, pour faire venir le Confesseur qu'il iugera à propos ; ne luy estant pas loisible de permettre des Confessions extraordinaires, ny des communications de conscience à d'autres qu'au Confesseur ordinaire, que par l'ordre du Pere Spirituel.

### §. 14.

Elle fera son possible pour découurir les ruses, & les mauuais desseins qu'on cache souuent sous les apparences du bien, & pour cét effet, elle visitera souuent les Offices, les Chambres, & les licts, & tout ce que les Sœurs auront en leur particulier, retranchant tout ce qu'elles auront de superflu, & sans congé.

## CHAPITRE XXVIII.

*De la Mere Assistante.*

§. 1.

LEs Meres garderont leur rang de Profession, excepté que la Mere Superieure tiendra par tout le premier rang, & la Mere Assistante le second comme sa Vicaire. En suite dequoy elle fera les fonctions de Superieure en son absence, & pendant ses maladies quand elles seront si grandes qu'elle n'y pourra pas vacquer. Et les Sœurs luy rendront alors les mêmes deuoirs, respects, & obeissances, qu'à la propre Superieure. Ce qu'elles feront aussi à l'endroit de celle des Meres qui seroit commise pour tenir la place de Superieure, en cas que la Mere Assistante se trouuat absente, ou malade, ainsi que la Mere Superieure.

§. 2.

Ladite Mere Assistante doit considerer qu'elle n'a point vne plus grande obligation, & dont elle doiue rendre vn conte plus étroit à Dieu, que d'être parfaitement vnie à la Mere Superieure, & la seconder en toutes choses pour maintenir l'entiere obseruance des reglements de la maison. Pour cét effet, elle la tiendra soigneusement auertie des manquements qu'elle y reconnoîtra, & tâchera de

suiure

suiure au plus pres qu'il luy sera possible ses intentions.

### §. 3.

Elle aura vn particulier soin de la Direction de l'Office Diuin, & donnera advis à la Mere Superieure, le soir apres la recreation, des manquements qui s'y feront faits ce iour-là, tant aux ceremonies, qu'en la prononciation, & autres, ou les corrigera en l'absence de ladite Mere.

Elle luy nommera aussi en la même heure, les Sœurs qui auront manqué de se trouuer aux Offices, & aux autres Communautés, afin que l'on sçache si elles ont estés legitimement occupées; & tant elle que les autres Meres, pourront dire alors, ou même à l'obeissance du matin, les manquements qu'elles auront remarquées, s'ils n'ont pas esté corrigés.

### §. 4.

Elle auertira les Sœurs aux obeissances de ce qu'il y aura à dire d'extraordinaire pour l'Office, ou les Prieres, comme les commemorations; & quand il y aura quelque ceremonie extraordinaire, elle la leur fera essayer auparauant; Ce qui se pratiquera aussi de temps en temps, & quand il sera iugé necessaire, pour le regard des ceremonies ordinaires.

Lors qu'on dira l'Office trop viste, elle frapera trois petits coups sur les heures, deux quand on le dira trop lentement, & vn coup s'il étoit necessaire de changer de ton à l'Office, & entonnera, ou fera entonner par les

### De la Mere Assistante.

les chantres, le ton qu'il faudra prendre.

§. 5.

Tous les Samedys à l'obeïssance du matin, elle nommera celles qui doiuent Officier au chœur la semaine suiuante, & de même les veilles des grandes Festes, & à l'obeïssance du soir elle nommera celles qui doiuent lire à la premiere & seconde table, & seruir, & la Sœur qui doit faire souuenir de Dieu aux recreations, & corrigera les deffauts de celles qui liront à table.

§. 6.

Elle aura les Livres en charge, les conseruera soigneusement, n'en donnera aucun aux Sœurs que par l'ordre de la Mere Superieure, & au commencement du Caresme, elle sçaura d'elle ceux qu'elle leur voudra distribuer. Et aprés que les Sœurs auront receus les Livres que ladite Mere Superieure leur aura assignés, elle retirera les autres, prenant garde si elles les ont bien conserués.

La Mere Superieure pourra faire ce changement de Livres, non seulement au commencement du Caresme, mais toutesfois & quantes qu'elle le trouuera bon, pouuant & deuant oster aux Sœurs les Livres dont elle iugera la lecture leur estre inutile, où desquels elles ne profiteroient pas, ou ne seroient pas capables.

§. 7.

La Mere Assistante aura en sa charge vn grand & gros Livre, qui pourra estre intitulé, le Livre du Conuent, dans lequel on écrira les protestations des Probanistes, reception

F des

des Nouices, & profession des Sœurs ; l'on laissera deux, ou trois feüillets en blanc pour chacune, pour y écrire ces choses selon qu'elles arriueront, elles seront écrites de leur main, si elles sçauent écrire ; sinon la Mere Assistante, ou quelqu'autre, l'écriront, & la Mere Superieure le signera pour celles qui ne le sçauront pas faire, lesquelles mettront vne † pour marque de leur seing : en suitte on escrira le iour de leur deceds, & tout ce qui sera iugé vtile, à l'égard de chacune, comme aussi si quelqu'vne donnoit sujet par ses deportements de l'oster de son rang, on le marquera à l'endroit de sa feüille, & la cause pourquoy.

### §. 8.

La Mere Assistante lira, ou fera lire, apres la recreation du soir, l'Epitre & l'Euangile du lendemain quand il y en aura de propre. Et semblablement le sujet de la Meditation le soir & le matin, & fera l'instruction necessaire ; ou priera vne des Meres de la faire quand elle ne le pourra pas. Et se souuiendra qu'elle doit auoir vn zele tout particulier pour le culte diuin. Prendra garde aux grandes Festes, si l'Autel est suffisamment bien paré ; advertira le Confesseur, s'il y a des ceremonies de l'Autel à faire, & la Mere Sacristaine de ce qu'elle doit obseruer en telles occasions, & aura soin que le bon ordre que la Mere Superieure establira pour les Confessions, soit exactement suiuy.

CHAPI

*Des Meres Maîtresses.*

## CHAPITRE XXIX.

*Des Meres Maîtresses en general.*

§. 1.

LEs Sœurs de ceste maison des penitentes estans distinguées, en diuers ordres pour les raisons portées au quatriéme chapitre de ces Constitutions, il est necessaire que châcun de ces ordres aye sa Maîtresse particuliere, excepté celuy des Professes qui seront regies en la maniere que la Mere Superieure iugera à propos.

Ces trois charges seront distribuées, selon que la Mere Superieure trouuera bon, entre la Mere Assistante, & deux autres Meres, dont l'vne se nommera la Mere Directrice, & l'autre la Mere Maîtresse.

§. 2.

Tant plus cét assujetissement des Religieuses que Dieu appellera à ce charitable exercice d'instruire ces filles, de choses si éloignées de leur ancienne maniere de vie, est penible & continuel, plus elles doiuent auoir de fidelité pour s'acquiter des employs qui leurs sont escheus, se remettans souuent en memoire ce beau mot de saint Iacques, qui dit en concluant son Epitre Canonique, que si quelqu'vn s'écarte de la verité, & qu'il se veüille conuertir, celuy qui trauaillera à sa

F 2     *conuer*

conuersion, doit sçauoir qu'il aura sauué vne ame de la voye d'erreur, & que par ce moyen il couure vne multitude de pechés; & ailleurs le Prophete Daniel dit, que ceux qui enseigneront plusieurs, luiront comme des brillantes estoiles pour des eternitez perpetuelles. Et partant lesdites Meres employeront de bon cœur, & leur temps & leur peines, pour establir le regne de Iesus-Christ dans ces ames, où Sathan, & le peché ont autrefois exercé vn empire si absolu, & si tirannique.

§. 3.

Elles instruiront les Sœurs des choses dont elles seront capables, tâchant de leur imprimer dans l'esprit vne grande crainte de Dieu, & des choses saintes, vn tendre amour, & confiance en la protection de la tres-sainte Vierge, auec la pratique de plusieurs saintes deuotions en son endroit, & enuers nôtre Seigneur Iesus-Christ, & ses Saints, joint à vn desir de l'imitation des exemples de leur sainte vie, autant qu'ils seront conformes à leur vocation. Bref, les Meres Maîtresses feront leur possible de faire bien conceuoir à leurs filles ce point de la Regle, qu'elles ne doiuent toutes auoir qu'vn cœur & vne ame en Dieu; ce qui les oblige à s'entr'aimer charitablement, quoy que separées en diuers corps, à s'aider, & se rendre seruice cordialement les vnes aux autres; à éuiter toutes picoteries, disputes, riottes, & autres defauts qui leur sont si expressément deffendus, & qui blessent si fort la sainte charité; & d'autre part ne point souffrir parmy elles, aucunes amitiés

## Des Meres Maîtresses. 125

amitiés particulieres, partialités, petites menées, & complots secrets, qui detruisent la sainte vnion, bien loin d'en estre des effets; à quoy les Meres Maîtresses auront l'œil ouuert pour y remedier dés le commencement, & seront soigneuses que celles qui auroient de telles attaches entr'elles, ne soient pas proches les vnes des autres dans les conuersations, leur faisant bien entendre, que la Regle dit que ceste vnion sera en Dieu, c'est à dire, qu'elles doiuent toutes viure dans vne entiere conformité de l'obseruance de ses Commandements, & des Reglements de la Religion.

### §. 4.

Elles leur enseigneront aussi la maniere de s'approcher, & faire bon vsage des Sacrements, de se confesser humblement, clairement, & veritablement, mais briefvement, n'y contant point des histoires qui ne seruent de rien; feront leur possible pour leur donner vne ardente faim & soif de nôtre Seigneur Iesus-Christ en la diuine Eucharistie, comme le comble de nôtre felicité. S'essayeront de leur inspirer vn desir tres-ardent du salut de tout le monde, employant leurs Oraisons pour cela, specialement pour la conuersion des pecheurs & pecheresses, considerant la bonté de Dieu en leur endroit, de les auoir retirées des occasions de se perdre, & combien elles sont obligées de prier pour ceux qui leur ont procuré vn si grand bien.

Outre les instructions ordinaires du Catechisme, elles leur apprendront la methode de

F 3     faire

faire l'Oraison mentale, l'vsage frequent des Oraisons jaculatoires, & éleuations de leur esprit à Dieu, de luy rapporter toutes leurs actions, paroles & pensées par la pureté d'intention; l'attention à sa diuine presence, & autres points de la vie spirituelle, selon leur capacité.

§. 5.

Les Meres n'épargneront rien pour les affranchir autant qu'elles pourront des tendretés & compassion, sur elles-mêmes, qui leur font perdre courage à la moindre difficulté qui se presente, se plaindre, & desirer; ou rechercher d'être plaintes, ou dispensées du viure commun, ou de l'obseruance pour des legeres incommodités, mais leur apprendront par l'exemple des Saints, à se surmonter courageusement, & à receuoir, ces petits maux pour satisfaire à la iustice de Dieu, pour leurs pechés; leur faisant bien peser, que ces legeres afflictions qui ne font que passer, opereront en celles qui seront fidelles à les souffrir pour l'amour de Dieu vn poids eternel de gloire dans le Ciel, ainsi que l'asseure le grand Apôtre. Et afin de preuenir ceste tendreté, lesdites Meres ne souffriront point que les Sœurs parlent entr'elles de leurs repugnances, auersions, tentations, ny de leurs incommodités corporelles; & imposeront des penitences à celles qui feront ces fautes. Comme aussi à celles qui murmureront ou se plaindront qu'on ne leur donne pas les mêmes soulagements, ou viandes particulieres qu'aux autres; leur faisant bien entendre ce qu'en dit la Regle,

gle, selon l'Ordonnance de laquelle les Sœurs doiuent laisser à la disposition de la Mere Superieure de pouruoir à leurs besoins, sans pretendre qu'on leur fasse les particularités que l'on iuge à propos de faire à quelques-vnes.

### §. 6.

Elles tâcheront de les rendre tres-affectionnées à la lecture des reglements qui leur sont prescrits, & les leur expliqueront aux temps destinez pour l'instruction, au moins vne fois ou deux la semaine; leur imprimant vne grande estime de la grace de leur vocation, & l'obligation qu'elles ont à Dieu, de les auoir retirées dans ceste sainte maison, preferablement à tant d'autres qu'il a laissées, ce qui les doit animer à se rendre tres-reconnoissantes enuers sa douce misericorde, par vne fidelité toute entiere à se former selon l'esprit de leur vocation, sans desirer d'autre science, ny pratique, que celle qui est enclose dans les reglemens susdits, puis qu'ils contiennent tout ce qui leur est necessaire pour arriuer à la perfection. Pour cest effet les Meres Maîtresses ne leur liront, ny ne leur permettront la lecture d'aucun Livre que par l'ordre de la Mere Superieure.

### §. 7.

Elles leur parleront en particulier tous les quinze iours, quand la Mere Superieure ne leur parlera pas, & plus souuent si elles le iugent necessaire, mais non point durant les Offices ny les Communautés, au moins sans permission de la Mere Superieure. Les instruisant & corrigeant de leurs deffauts, les encourageant à faire bon vsage de leurs peines & tentations; si elles en ont, & leur enseignant la maniere dont elles se doiuent comporter en ceste action de la reddition de conte, tant à leur égard, qu'à l'endroit de la Mere Superieure, enuers laquelle, elles auront grand soin de maintenir la confiance filiale des Sœurs; les y portant, & encourageant par leurs paroles, & par l'estime, & le respect qu'elles leur inculqueront d'auoir pour ses Ordonnances.

Elles la tiendront auertie des fautes notables que les Sœurs commettront, pour lesquelles il faudroit donner de grandes penitences, ainsi qu'il est marqué au Directoire spirituel pour les fautes de malice. Mais pour les penitences ordinaires, elles les imposeront selon que seront les fautes, estans fort soigneuses de corriger les defauts, & enjoindre les penitences pour maintenir le bon ordre; agissant toûjours par l'esprit de charité, & poussées d'vn desir du vray bien de leurs filles. Mais si quelqu'vne commettroit quelque faute notable contre son deuoir enuers la Mere Superieure, elles en aduertiroit le Pere Spirituel.

### §. 8.

Hors la presence de la Mere Superieure, les Sœurs s'addresseront pour leurs necessités & leurs congés à leurs Meres Maîtresses, mais par tout où la Mere Superieure sera presente, les Sœurs s'addresseront à elle pour toutes choses.

§. 9.

### § 9.

Les Meres Maîtresses pour esprouuer leurs filles pourront ordonner à celles qu'elles iugeront à propos, d'enseigner les autres à lire, coudre, dire & chanter l'Office selon leurs Statuts, lesquelles Sœurs s'en acquitteront auec humilité, sans faire la correction à celles qu'elles instruiront, mais si elles voyent qu'elles se rendent oppiniâtres ou negligentes, d'apprendre ce qu'on leur enseignera, elles en aduertiront la Mere Maîtresse.

### § 10.

Les Meres Maîtresses pourront aussi pour connoître le zele des Sœurs à l'obseruance, en nommer vne ou deux en châque ordre, pour prendre garde, ( principalement en son absence, ) aux actions des autres Sœurs, pour autant de temps qu'elles verront estre mieux, les pouuant oster & changer quand bon leur semblera, & lesquelles prendront garde, aux fautes & manquements que les Sœurs commettront, pour les en auertir en charité deuant la Mere Maistresse, au commencement de l'instruction, & de mesme au Chapitre des coulpes deuant la Mere Superieure, quand elles ne l'auront pû faire auparauant, ou que ce fussent des manquements faits à l'endroit des Meres Maistresses; ou bien les diront en particulier à la Mere Superieure, si ce n'étoit pas le iour du Chapitre des coulpes. Elles feront ceste action des auertissemens auec rabaissement & charité, sans se laisser preoccuper d'aucune passion, qui leur fasse exagerer les fautes des vnes, ou taire par inclination

celles

celles des autres, ne prendront aucune authorité sur les Sœurs, ne leur commanderont rien, ny ne leur feront aucune reprimande, & ne souffriront point qu'elles se mettent à genoux deuant elles, ny qu'elles les appellent Meres, & ne leur pourront pas parler non plus que les autres. §. II.

Les Meres Maîtresses instruiront aussi celles qui seront sous leur conduite comme elles se doiuent comporter aux charges, si elles en ont, & en toutes les obeïssances qu'on leur donnera, ne negligeant rien pour petit qu'il paroisse. Veilleront à ce que les Sœurs s'en acquittent selon les reglements marqués, & les Ordonnances de la Mere Superieure, & prendront garde si elles les exercent auec soin & diligence, sans se dissiper, ny se dispenser des communautés & exercices que par necessité, & auec permission de ladite Mere Superieure.

## Chapitre XXX.

*De la Mere, qui aura soin de la conduite des Sœurs du Nouiciat.*

§. I.

D'Autant qu'aucune ne doit être admise au Nouiciat, qu'apres que l'on aura bien reconnû en elle, les dispositions necessaires

pour

## De la Mere des Nouices.

pour pouuoir paruenir en son temps à la sainte Profession, la Mere Maîtresse employera tous ses soins pour bien faire conceuoir à ses Nouices, l'obligation qu'elles ont de se rendre dignes de ce bon-heur, qui est si grand, que le posseder comme il conuient, c'est estre dans la voye des Saints, & donner à Dieu tout l'honneur dont la creature est capable. A cét effet, ladite Mere Maîtresse les instruira soigneusement de ce qui concerne la vie interieure & spirituelle, l'excellence de leur vocation, l'importance des vœux, & à quoy ils obligent.

§. 2.

Elle leur donnera des sujets d'emulation, en leur faisant faire l'entreprise de quelques vertus, dont elles rendront conte vne fois la semaine au temps destiné pour l'instruction, & leur enseignera tout ce qui regarde les ceremonies de l'Office, & autres, & les obseruances.

§. 3.

Elle aura vn regard particulier sur les pretendantes qu'on mettra six mois au Nouiciat, auant que leur donner l'habit de Nouice, afin de connoître & sonder si elles ont vne ferme resolution de se donner entierement à Dieu, renoncer à elles-mesmes, & se former selon l'esprit des Regles, & tant à celles-là qu'aux autres, elle tâchera de les dépoüiller de leur propre volonté, & les rendre souples, & obeïssantes en toutes choses.

§. 4.

Elle leur fera des épreuues selon l'advis de la

la Mere Superieure, pour connoître le progrez qu'elles feront en la vertu, & que l'on puisse mieux iuger si elles seront capables de faire la sainte Profession.

---

## CHAPITRE XXXI.

### *De la Mere, Maîtresse qui aura la conduite des Sœurs de la Probation.*

#### §. I.

CE rang de la Probation estant comme le premier pas que font les Sœurs pour parvenir au terme, qui est la sainte Profession, il faut que la Mere Maîtresse tâche de cultiver ces nouuelles plantes en sorte qu'elles puissent porter vn iour des fruits de benediction, & de grace, par le progrez qu'elles feront dans la crainte & amour de Dieu, & par la pratique des vertus vrayement Chrétiennes. Et parce que les premiers documents de religion, sont ceux qui demeurent plus auant empreints dans les esprits, ladite Mere s'affectionnera beaucoup à les instruire des maximes de la vie Religieuse, & à leur faire prendre de bonnes habitudes pour se rendre fidelles à la grace qui leur est presentée. Elle fera donc son possible, pour les rendre toutes (moyennant la diuine grace) capables d'entrer au Nouiciat, pour par apres obtenir le bon-heur bon-heur de se consacrer à Dieu par la sainte Profession.

§. 2.

Si elle en treuue qui ayent leurs passions fortes, qui soient d'vn esprit rude, grossier, & inciuil, elle leur enseignera la maniere de surmonter leurs passions, de se r'addoucir, & ciuiliser, en leur donnant pour cela les pratiques des vertus qu'elle iugera necessaires.

§. 3.

Tous les soirs enuiron vn quart d'heure apres Matines, elle, ou vne autre des Meres, visitera toutes les Chambres der Sœurs, pour voir si elles sont couchées, leur en donnant le signe vn peu auparauant, afin qu'elles ayent le temps de se mettre au lict; elle s'accompagnera de celles qu'elle trouuera bon, & regardera si chacune est dans son lict, & a esteint la lumiere; faisant ceste visite si diligemment auec celles qui l'accompagneront qu'elles puissent toutes estre couchées à dix heures. Si elle trouue quelque Sœur qui ne soit pas au lict, elle la corrigera & en auertira la Mere Superieure.

CHAP.

## CHAPITRE XXXII.

*De la Mere, Maîtresse qui aura la conduite des Sœurs de la Congregation.*

### §. 1.

LA Mere Maîtresse qui sera chargée des Sœurs Congregées, c'est à dire, de celles qui viennent nouuellement dans la maison, a besoin d'vne grande force d'esprit, de beaucoup de patience, & d'éleuer souuent sa confiance en Dieu, pour ne point perdre courage de venir à bout d'vne si difficile entreprise, comme est celle de jetter les semences des vertus dans des ames, qui n'en ont peut-être iamais eu aucun principe.

### §. 2.

Les premieres instructions qu'elle donnera à ses filles, seront sur les Mysteres de la Foy, l'obligation à l'obseruance des Commandements de Dieu, & de la sainte Eglise; & les portera à se disposer à faire vne Confession generale de toute leur vie, afin que le peché étant banny de leurs cœurs, la grace y puisse trouuer place par le moyen du Sacrement de la penitence, dont elle leur inculquera toute l'estime, & le desir possible.

### §. 3.

Elle se rendra fort veillante dour nécouurir les

les rufes, ftratagemes, & petites menées des filles, & fi elles ne commettent point d'abus en l'vfage des Sacrements, fans leur imprimer toutesfois des fcrupules, & des craintes exceffiues de s'en approcher; tâchera auffi de leur faire bien apprehender l'horreur & la malice du peché, & leur infpirera peu à peu le defir de fe lier à Dieu plus particulierement, par les proteftations de la vie penitente.

## Chapitre XXXIII.

### De la Mere Oeconome.

#### §. 1.

Elle aura vn foin particulier de tous les meubles du Monaftere, dont elle aura vn inuentaire, comme auffi de ceux qui font dans les Offices, fera que châque Officiere en aye vn particulier des chofes de fa charge; qu'elle reuerra exactement en la vifite, & toutes les fois que les Sœurs fortiront de leurs charges; elle prendra garde qu'ils foient bien conferuez, & que les Officieres ne diffipent point les chofes de leurs charges, ny les diftribuent mal à propos.

#### §. 2.

Elle aura l'œil fur les ouuriers qui entrent par neceffité dans la maifon, afin qu'ils n'aillent pas és lieux où ils n'auront que faire, ne perdent point le temps, & qu'aucune Sœur ne
les

les aille trouuer, ou parler fans ordre particulier.

§. 3.

Tous les ans au mois d'Avril, ou de May, elle fera vne vifite exacte de tous les Offices, cellules, & autres lieux de la maifon, verifiera les inuentaires, y adjoûtant, ou retranchant de nouueau, s'il eft befoin, verra ce qui eft neceffaire, ou fuperflu aux Chambres, ou charges, afin d'y remedier, lira aux Sœurs Officieres les Regles de leurs Offices, & les reprendra charitablement des fautes qu'elles y auront faites, & aduertira la Mere Superieure de l'eftat auquel elle aura trouué les chofes, fi ladite Mere n'y auoit efté prefente, ce qu'elle pourra faire, quand elle le trouuera bon, & même y faire affifter les autres Meres.

Outre cela, la Mere Oeconome fera cefte vifite toutes les fois qu'elle le iugera expedient, fur tout quand on changera les Officieres, comme il eft dit cy-deffus, & la doit faire fouuent aux Offices de la Celleriere, Boulangere, & Infirmiere, quand il y aura des malades.

§. 4.

Elle aura fous fa conduite les Sœurs tourieres, & les filles de feruice (fi l'on en tient,) fera en forte qu'elles ayent le temps de faire les exercices fpirituels qui leurs font marqués, procurera qu'elles aillent quelquesfois entendre les inftructions, aux ordres que la Mere Superieure iugera à propos, & quand elles n'y pourront pas aller, qu'on leur faffe enuiron demie heure de quelque bonne lecture

tous

De la Mere Oeconome.

tous les iours, s'il se peut. Toutesfois la Mere Superieure pourra remettre la conduite desdites filles à quelqu'autre des Meres, selon qu'elle verra être mieux.

§. 5.

La Mere Oeconome visitera tous les soirs, les lieux où l'on fait du feu, pour voir s'il n'y a rien à craindre, & visitera aussi les Infirmeries quand il y aura des malades, ou des Sœurs qui y couchent, pour voir si elles sont couchées à l'heure qu'il faut, ou si elles sont en leur devoir, corrigera les deffauts qu'elle y rencontrera, & en advertira la Mere Superieure, s'il est necessaire.

Quand elle ne pourra pas faire ceste visite, elle priera vne des Meres d'y suppléer. Bref, sa vigilance doit s'étendre sur tous les besoins exterieurs de la maison pour y pouruoir selon l'ordre de la charité. Mais si elle reconnoissoit que quelques Sœurs eussent necessité de soulagements extraordinaires, elle en donnera advis à la Mere Superieure, afin qu'il y soit remedié.

※※※※※※※※※※※※

## Chapitre XXXIV.

### De la Mere Sacristaine.

§. 1.

CEste charge sera remise à quelqu'vne des Meres, laquelle aura soin de toutes les choses qui appartiennent à l'Eglise, & pour l'Autel, l'Autel, les tiendra en bon ordre, & sera soigneuse de la propreté, & netteté. Les Chasubles, les Pauillons, & les parements seront étendus de leur longs sans les plier (s'il se peut) pour mieux les conseruer, on les tiendra en lieu aëré, que l'on ouurira souuent quand il fera beau; & l'on mettra à part ceux qui sont pour les grandes Festes, afin de ne les remuer que le moins qu'il se pourra.

### §. 2.

Elle mettra, ou fera mettre tous les iours ce qu'il faudra pour la sainte Messe dans le tour de la Sacristie, & apres aura soin que tout soit resserré.

### §. 3.

Elle empêchera soigneusement qu'aucune Sœur ne parle au tour, ny à la grille de la Sacristie, ou du chœur, ny par le Confessionnal, aux personnes de dehors, soit au Confesseur ordinaire, ou autres, que par la permission de la Mere Superieure, laquelle elle aduertira si quelqu'vne entroit dans la Sacristie sans sa licence.

### §. 4.

L'on gardera les saintes Huyles dans vne Custode d'argent, fermées à clef dans vne armoire à la Sacristie, ou dans le Sanctuaire; la Mere Sacristaine fera souuenir le Confesseur de les faire renouueller tous les ans le Samedy Saint. Et de faire l'eau benite tous les Dimanches; & mettra-t'on le reste dans la Piscine, comme aussi des Cendres benites, & l'eau où l'on auroit trempés les linges Sacrés, ou bien on les jettera au feu.

§. 5.

*De la Mere Portiere.*

### §. 5.

On luy donnera deux Sœurs, ou trois, pour aides en l'exercice de sa charge, & pour auoir soin de sonner les exercices, & des autres choses qu'elle trouuera bon; sur lesquelles elle veillera afin qu'elles s'en acquitent bien, & que ny elles, ny les autres Sœurs ne demeurent point seules dans la Sacristie qui répond au tour sans sa presence, ou d'vne des Meres, sinon par l'ordre de la Mere Superieure.

## CHAPITRE XXXV.

*De la Mere Portiere.*

### §. 1.

TAndis qu'il y aura peu de Meres, ceste charge pourra être exercée par la Mere-Oeconome.

Elle se souuiendra que la closture de la maison de Dieu, luy estant confiée, elle doit veiller attentiuement, afin que rien n'entre & ne sorte que conformément aux reglements establis. Pour cét effet, elle n'ouurira point la porte à personne, sans auoir auparauant sonné la cloche, afin que les Sœurs se retirent pour éuiter d'être rencontrées; & sans demander licence à la Mere Superieure, qui l'assistera, ou vne des Meres, si ce sont personnes de dehors. Et aduertira fidellement

ladite

ladite Mere, si quelque Sœur s'amusoit au tour des portes de dehors, ou des parloirs, ou qu'elle allat sans licence vers les personnes seculieres qui seroient dans la maison, ou s'enquit des nouuelles du monde, ou voulût sçauoir ceux qui seroient venus à la porte, ou au parloir.

§. 2.

Elle visitera exactement ce qui sortira de la maison, sinon que la Mere Superieure le luy eut remis, & même le luy portera pour le visiter sur le moindre doute qu'elle auroit que ladite Mere ne le sçeut pas.

§. 3.

Elle, ou la Mere Oeconome, receura tous les ouurages qu'on apportera de dehors à faire, prendra garde que rien n'y manque, les donnera aux Sœurs qui en ont la charge, & quand elles les luy remettront, elle les visitera soigneusement auant qu'on les rende, afin que ceux qui donnent à trauailler aux Sœurs, ne soient pas mal satisfaits.

§. 4.

Elle ne fera, ny n'enuoyera aucuns messages, ny ne donnera, ou fera tenir aucunes lettres, que par l'ordre de la Mere Superieure. Et aura l'œil que les tourieres obseruent exactement ce qui leur est marqué pour ce point là. Et ne disent aucunes nouuelles de la Ville aux Sœurs, que par la permission de ladite Mere.

CHAPI

*De la Sœur Infirmiere.* 141

## CHAPITRE XXXVI.

*Des Offices des Sœurs, & premierement, de la Sœur Infirmiere, & comme les Sœurs se doiuent comporter estans malades.*

### §. I.

PVis que selon le veritable sentiment du bien-aymé Disciple de nôtre Seigneur Iesus-Christ, c'est aymer Dieu, que d'auoir vn amour sincere pour le prochain, & que le mème Sauueur du monde dit qu'au jugement dernier il tiendra fait à soy-méme ce qui aura esté fait pour le moindre des siens, il faut que celle des Sœurs qui sera choisie pour faire la charge d'infirmiere, reçoiue à grande faueur & benediction vn employ qui luy donne tant d'occasions de témoigner son amour enuers Dieu, en seruant les malades auec soin & charité.

On choisira donc pour cét employ vne Sœur qui aye vn cœur plain de douceur, de support, & de compassion; soigneuse & vigilante pour ne rien negliger, & preuoir les choses necessaires au seruice des malades, lesquelles elle considerera comme portant l'image de Iesus-Christ Crucifié, & dans cette veuë leur rendra les seruices auec joye &

prom

promptitude, sans témoigner de l'ennuy, ny du dégout pour les mauuaises & chagrines humeurs que les maux causent par fois aux infirmes, & si elles voyent qu'elles ayent enuie de quelque chose qui leur puisse nuire, elle les en diuertira le plus addroitement, & le plus suauement qu'elle pourra.

§. 2.

Elle sera presente, quand le Medecin visitera les malades, tant pour luy rendre conte de leur estat, que pour entendre ses Ordonnances, qu'elle le priera d'écrire, (s'il est besoin,). & les suiura exactement, si la Mere Superieure n'ordonne le contraire, selon le changement qui pourroit arriuer aux malades; se gardant bien de donner ny faire aucun remede aux Sœurs, que par l'advis du Medecin, ou l'ordre de ladite Mere, à laquelle elle pourra dire, si elle iuge que les malades ayent besoin de quelques viandes, ou remedes extraordinaires, pour en faire ce que ladite Mere iugera à propos.

§. 3.

Elle parlera fort bas dans l'infirmerie, & procurera que les autres en vsent de même; ne souffrira point que les Sœurs entrent en l'infirmerie qu'auec congé, & fera souuenir la Mere Superieure, d'enuoyer (si elle le trouue bon,) des Sœurs vers les malades, pendant les recreations, & même en d'autre temps, pour les diuertir saintement, ce qu'elle tâchera de faire elle-même, & pour cela elle leur pourra toûjours parler quand elle le iugera vtile, en demandant toutesfois licence à

ladite

ladite Mere Superieure toutes les semaines ; & leur fera, ou procurera qu'on leur fasse tous les iours quelque bonne lecture.

### §. 4.

Elle aura soin que les malades, au moins celles qui le seroient dangereusement, ne demeurent point seules, & quand elle ou son ayde n'y pourront pas être, elle demandera aux Meres quelque Sœur pour les garder. Et sera soigneuse qu'elle & son ayde, ou ses aydes ( si la Mere Superieure iuge necessaire de luy en donner plusieurs, ) viennent aux exercices tour à tour, ne s'en dispensant point qu'auec la permission de ladite Mere Superieure.

### §. 5.

Pour suiure exactement, comme il est dit, l'ordre du Medecin, ou de la Mere Superieure, pour le regime de viure des malades, & les heures qu'il le faudra donner, elle sera soigneuse de dire aux obeïssances à la Celleriere, ce qu'il faudra pour leur repas, afin que rien ne leur manque faute de preuoyance.

Que si la Celleriere, ou la Cuisiniere y manquoit, elle le dira à la Mere Oeconome, ou à la Mere Superieure, à laquelle, elle fera aussi sçauoir si quelques Sœurs se rendoient trop difficiles à prendre les remedes, ou delicates pour les viandes.

### §. 6.

Elle tiendra les infirmeries, & tout ce qui est de sa charge fort propre, de l'eau benite, & forces images deuotes à l'entour, pour la consolation des malades, éuitera que rien ne leur

leur soit autour qui puisse rendre des puanteurs, autant qu'il se pourra; aura vn roole bien exact de son linge, & autres choses, prendra garde que rien ne s'égare, ou se mêle parmy les autres Offices, & (pour cet effet, tout le linge de l'infirmerie sera marqué d'vn I. outre la marque ordinaire. Quand elle le mettra à la lexiue elle le contera, & aura soin de le retirer. Les linceulx seront plus grands que ceux de la Communauté.

### §. 7.

Elle fera mettre sur les Eaux, Sirots, & autres drogues, qu'on pourroit luy remettre, des billets écrits de leurs noms, les visitera souuent de crainte qu'ils ne se gâtent, sçaura de la Mere Superieure, s'il est necessaire de faire prouision de quelques-vnes de ces choses, afin d'en aduertir la Mere Oeconome pour y pouruoir.

### §. 8.

Elle tiendra vne petite table couuerte d'vne nappe blanche, pour y mettre les choses dont on aura pour lors besoin, pour les malades, lesquelles, elle tiendra nettement & blanchement accommodées. Quand on leur portera le tres-saint Sacrement, elle adjustera decemment l'Autel de l'infirmerie, sur lequel il y doit toûjours auoir vn Crucifix, & alors elle y mettra deux cierges allumés, vn corporal, & tout ce qui sera requis, agencera la malade le plus proprement qu'elle pourra, & mettra sur son lict, vn grand linceul pendant.

§. 9.

## De la Sœur Infirmière.

### §. 9.

Elle sera soigneuse d'aller prendre les repas aux heures ordonnées, ne luy êtant point permis d'entrer hors ce temps-là, dans la cuisine sans permission, ou grande necessité, & même si on luy peut donner ce dont elle a besoin sans entrer, elle n'y entrera point. Elle seruira les malades fort proprement, touchant le moins qu'elle pourra auec les doigts ce qu'elle leur donnera à manger, de crainte de les dégouter, & chacune aura sa portion à part. Elle fera bien si elle peut de leur lire quelque chose de bon pendant leur repas.

### §. 10.

Quand elle croira les malades suffisamment fortes pour sortir de l'infirmerie, elle les conduira au chœur pour y entendre la Ste Messe, & de mesme au refectoir, & aux autres communautés, le tout suiuant l'ordre de la Mere Superieure, laquelle elle advertira si les conualescentes, ou celles qui font des remedes, ne s'assujettissent pas de venir aux heures prendre leurs repas à l'infirmerie, si elles les y doiuent prendre, ou qu'elles se dissipassent par trop, perdant le temps inutilement, ou fissent d'autres fautes.

### §. 11.

Quand les malades seront gueries, elle netoyera & secoüera bien leurs licts, mettant tout à l'air.

### §. 12.

Les Sœurs estans malades auront pour objet ordinaire de leurs entretiens, & sentiments interieurs Iesus-Christ crucifié, & à la venë

G  de

de cét admirable & divin exemplaire souffriront leurs maux avec patience, & resignation, à la volonté de Dieu; Obeïront exactement non seulement à la Mere Superieure, & à leurs Meres Maîtresses, mais aussi au Medecin, & à la Sœur Infirmiere, en ce qui touche les viandes, & les remedes, qu'elles prendront en esprit de penitence, & de mortification, se souuenant de ce fiel, & vinaigre que goûta nôtre Seigneur estant attaché à la Croix. S'abandonneront à la conduite sans se mesler de ce qu'il leur faut, ny s'informer des Ordonnances du Medecin, demendant pourtant simplement ce dont elles auront besoin.

Témoigneront vne grande reconnoissance des seruices qu'on leur rend, sans en murmurer, ny s'en plaindre qu'aux seules Meres si elles en auoient quelque sujet. Et seront fidelles à faire ce qu'elles pourront de leurs exercices, selon que la Mere Superieure le leur permettra.

§. 13.

Les conualescentes, & celles qui prendront des remedes obserueront fidellement l'ordre que la Mere Superieure leur prescrira pour leurs exercices, & l'heure de leurs repas, tachant de s'occuper, & ne pas demeurer inutiles, se souuenants qu'en l'infirmerie, comme ailleurs, elles doiuent toûjours paroître amatrices de la penitence.

§. 14.

S'il arriue qu'vne Sœur feignit d'auoir quelque mal, ou d'être malade, on luy donnera pour remede de son libertinage, & de sa malice,

ce, vn sévere châtiment, comme coûpable de la perte du temps, & des biens du Monastere, aussi bien que de leur infidelité à Dieu, dont elles luy doiuent rendre vn conte tres-exact.

## CHAPITRE XXXVII

### De la Sœur Robbiere.

§. 1.

LA Sœur Robbiere aura soin des habits, licts, & chaussures des Sœurs, de les conseruer, & r'accommoder auec propreté, visitera souuent ceux qu'elle aura par deuers soy, afin qu'ils ne se gastent, & les mettra quelquefois à l'air, si l'on ne luy ordonne autrement.

§. 2.

Elle prendra soigneusement garde, si les Sœurs sont propres en leurs habits, si elles l'advertissent quand ils ont besoin d'être raccommodés, si elles les luy rendent quand elles ne s'en seruent plus, apres les auoir bien nettoyés, & si elles gastent, ou changent quelque chose en la façon de leurs habits, & de ce qu'on leur donne pour leur vsage, afin d'en advertir la Mere Superieure.

§. 3.

Si quelqu'vne luy demande quelque chose de particulier, elle le dira à la Mere Superieure, pour en faire ce qu'elle jugera à propos, & auparauant que de donner les habits, couuertes, & bas, selon les saisons, elles les luy fera voir ou à la Mere Oeconome pour les distribuer selon qu'elles l'ordonneront, car iamais elle ne doit rien donner, ny changer aux Sœurs de son propre mouuement.

§. 4.

Elle aura vn inuentaire de tout ce qu'elle a en sa charge, & suppliera vne des Meres d'écrire les habits neufs qu'elle fera, & les vieux qu'elle rompra, ce qu'elle ne doit faire que par l'ordre de la Mere Oeconome, afin de pouuoir rendre bon conte de sa charge, quand elle en sortira, ou que l'on fera la visite.

§. 5.

Elle fera les robbes simplement à sacs (comme elles sont marquées,) sans plis ny façon, & pour cét effect elle mettra vne largeur de l'etoffe deuant, & vne dernier, qu'elle vuidera par en haut, pour faire des pointes pour eslargir les robbes en bas, en sorte qu'autant qu'il se pourra, elles n'ayent pas plus de largeur qu'il est porté au chapitre des habits, & ne les fasse pas plus longues; & fera vne ouuerture aux costés pour passer la main aux poches des cottes.

Pour les cottes, & les tuniques de dessous elle les fera de la façon que la Mere Superieure trouuera mieux.

Elle coudra tous les habits auec du filet, ou de la laine, ne se seruant de soye que pour les voiles noirs; & prendra garde si les Sœurs portent

portent leur chappelet à la ceinture, comme il est ordonné.

## Chapitre XXXVIII.

### De la Sœur Lingere.

#### §. 1.

La Sœur lingere gardera les mesmes regles, pour conseruer & distribuer le linge, ainsi que la robbiere les habits ; quand il en faudra de nouueaux, où qu'il sera le temps de faire les lexiues, elle en advertira la Mere Oeconome, contera, & marquera toutes les liasses, & le gros linge qu'elle y mettra, afin de voir apres s'il n'y a rien de perdu ; & n'en donnera point aux Sœurs qui ne soient bien secs.

#### §. 2.

Tous les Samedys elle portera sur le lict de chaque Sœur, vne chemise, & deux en Esté, si la Mere Superieure l'ordonne ; vn ou deux mouchoirs ; vne ou deux coifes rondes, deux bandeaux, vne guimpe, & vn voile à celles qui en portent de blancs ; tous les quinze iours elle donnera à toutes des besoignes de nuit ; & des linceulx de mois en mois en Esté, & en hyver de cinq en cinq semaines.

Elle fera cette distribution sans choix, & pour cela, elle separera les chemises qui seront pour les Sœurs de grande taille d'auec les

les autres, afin de les trouuer plus facilement, & ne donnera aucun linge particulier aux Sœurs que par l'ordre de la Mere Superieure, ou des autres Meres, mais elle se montrera charitable, pour en donner promptement & sans murmure à celles qu'elles luy ordonneront.

§. 3.

Elle se trouuera tous les Lundys apres la Messe à la lingerie, pour enliasser le linge sale, & voir si les Sœurs luy rendent tout celuy qu'elle leur auoit donné; si quelqu'vne manque, elle le dira à la Mere Superieure l'obeïssance, comme aussi celles qui se rendroient difficiles au linge qu'on leur donne, ou qui se perdroit, ou romproit.

§. 4.

Elle tiendra vn inuentaire de tous les meubles de sa charge, & des linceulx, chemises, voiles, & autres choses, si la Mere Superieure l'ordonne; & quand on luy donnera du linge neuf, ou qu'auec la permission de la Mere Oeconome, elle rompra ceux qui ne pourront plus seruir, elle la suppliera, ou vne des Meres, de l'escrire sur son memoire, afin de rendre vn bon conte sortant de sa charge, ou à la visite.

Les linceulx de la communauté auront de largeur, enuiron vne aulne & vn quart, & de longueur, deux aulnes & demy quart.

CHAP.

## CHAPITRE XXXIX.

### De la Sœur Refectoriere.

#### §. 1.

Elle tiendra fort proprement tous les meubles & vaisselles du refectoir, le baliera tous les matins à l'heure qu'on luy ordonnera, auant que dresser les tables, & l'apres dîné s'il en a besoin; & tous les quinze iours elle nettoyera les murailles, & ostera les araignées; & sera exacte de le tenir fermé à clef hors les temps des repas, où quand elle y aura à faire.

#### §. 2.

Elle mettra des essuyemains blancs deux fois la semaine; & tous les Dimanches donnera à chacune vne seruiette blanche, dont elle couurira toute la table deuant la place de chaque Sœur, & du reste de la seruiette qui sera replié, elle en couurira les portions de pain.

#### § 3.

Elle mettra à la place de chacune, vne assiette, vn cuiler, vn couteau, vne taise, & vn pot, des salieres de trois en trois, ou de deux en deux, comme aussi des plats de terre, pour mettre l'eau dont les Sœurs auront rinsé leurs tasses, car elles les doiuent lauer elles mesmes, & semblablement leurs cou-

G 4     teaux

teaux & culliers. Mais pour les pots elle les rinsera soigneusement à tous les repas, & les tiendra renuersés; pour les assiettes on les lauera deux fois la semaine.

### §. 4.

Elle dressera les tables le soir & le matin aux heures que la Mere Superieure ordonnera, mettant à châcune, l'eau, le vin, & le pain, qu'elle coupera vn peu deuant, & de mesme aux Sœurs de la seconde table; quand les prieres d'apres graces seront acheuées, elle ira au refectoir pour tout refermer, ce qu'elle fera auec tranquillité pour n'empescher d'entendre la lecture, mais aussi auec diligence, pour s'en aller promptement à la communauté; sinon que la Mere Superieure luy ordonne de resserrer les choses du refectoir en vn autre temps.

### §. 5.

Si elle a le pain en garde, elle sera soigneuse d'empescher qu'il ne se moisisse, ou seiche par trop, & que les rats, ou chats, ne le gastent, & advertira la Mere Oeconome, ou par son ordre la Sœur boulangere quand il le faudra faire.

### §. 6.

Elle r'accommodera le linge du refectoir auec propreté; le contera quand elle le mettra & retirera des lexiues; verifiera souuent son inuentaire afin de rendre bon conte de sa charge, quand il en sera besoin; & donnera des tabliers blancs toutes les semaines à celles qui seruent à table.

## §. 7.

Elle sonnera la seconde table, au sortir de graces, & se rendra exacte d'observer le silence au refectoir, comme à vn lieu sanctifié par la pratique de plusieurs vertus.

## Chapitre XL.

### De la Sœur Celleriere.

### §. 1.

Elle suiura en tout & par tout l'ordre de la Mere Oeconome, pour l'exercice de sa charge, aura grand soin de toutes les prouisions, qui luy seront remises, les visitant souuent pour voir si elles ne se gastent point, & ne les laissera point deffaillir sans l'en advertir.

### §. 2.

Elle aidera à la Cuisiniere en tout ce qu'elle pourra, fera elle-mesme les portions le plus également qui luy sera possible, sans donner rien de particulier à pas vne, sinon par l'ordre de la Mere Superieure, ou de la Mere Oeconome, ou bien de la Sœur infirmiere pour ce qui regarde les malades, elle se rendra prompte, charitable, & soigneuse de leur preparer à temps ce qui leur sera ordonné, le faisant de bon cœur pour l'amour de Dieu, & sans en parler aux autres, & procurera que la Cuisiniere fasse le mesme, que si elle y manque elle en advertira la Mere Superieure, ou la Mere Oeconome, comme aussi des autres fautes qu'elle luy remarquera.

§. 3.

Si la Mere Oeconome luy dresse vne carte pour la table, elle la suiura exactement, sans y rien changer qu'elle ne luy en donne advis, l'advertira si l'on apporte de la viande qui soit gastée, & elle-mesme aura grand soin d'empécher qu'elle ne se corrompe, & pour cela elle la maniera le moins qu'elle pourra.

§. 4.

Elle dira à la Cuisiniere tous les matins & tous les soirs aux obeïssances, ce qu'il faut pour le dîner & souper; & pour les repas des malades, luy fournira par auance ce qu'elle pourroit auoir besoin pour apprester, pour éuiter l'empressement, & afin que la tranquillité & le silence s'obserue en la Cuisine le plus exactement qu'il se pourra, à quoy la Sœur Celleriere se rendra fort attentiue, comme aussi à suiure les exercices qui luy seront ordonnés, & à venir à table à l'heure que la Mere Superieure luy marquera, laquelle elle advertira si quelques Sœurs se rendoient difficiles aux viandes, ou qu'elles entrassent dans la Cuisine, & ne souffrira point qu'on y mange que par l'ordre de la Mere Oeconome.

§. 5.

Elle tiendra tout ce qui est de sa charge, & sa Cellererie, fort propre, (la baliant, & ostant les araignées & la poussiere vne fois la semaine,) en aura vn inuentaire, & le double des batteries de Cuisine qu'elle verifiera souuent,

*De la Sœur Celleriere.*

souuent, auec la Cuisiniere, comme aussi le sien, afin de rendre bon conte de sa charge aux visites, & quand elle la quittera.

§. 6.

La Sœur Celleriere, ou celle que la Mere Superieure ordonnera, aura en garde le vin; elle fera emmarcher les tonneaux vn peu élevés hors de terre afin qu'il ne tirent l'humidité, & qu'on ne les mette pas si pres des murailles qu'elle ne puisse voir par derriere, visitera souuent s'ils ne s'en vont point, fera qu'il y aye sur chaque tonneau vn billet pour marquer ceux qui sont de garde, ou que l'on doit boire les premiers, combien ils tiennent, & l'année; & quand ils seront vuides, elle prendra soin qu'ils soient tenus bien nets, bien bouchez, & en vn lieu où ils ne se gastent pas.

§. 7.

Quand elle tirera le vin elle prendra garde qu'il ne s'en perde point, tiendra dessous vn plat bien net pour mettre celuy qui tombera auec l'autre qu'elle aura tiré; elle le tirera & le meslera pour les repas vn peu avant l'heure que la Sœur refectoriere le doit mettre à table; Ne percera jamais aucun tonneau que par l'ordonnance de la Mere Oeconome, ne les laissant point deffaillir sans l'en advertir. Rinsera les pots & bouteilles auparauant que de le tirer, & tiendra la cave fort propre, la balliant, & ostant les araignées au moins vne fois le mois; elle en portera les clefs, la tenant soigneusement fermée; & aura en garde les

G 6  balai

balais, qu'elle distribuera selon l'ordre de la Mere Oeconome.

## Chapitre XLI.

### Des Sœurs qui auront la charge des Ouvrages.

#### §. 1.

Elles receuront les ouvrages de la Mere Oeconome pour les distribuer aux Sœurs selon ses ordres, ou celuy de la Mere Superieure : prendront garde que rien ne manque de ce qu'il faut pour l'ouvrage, & demanderont de temps en temps à la Mere Oeconome, ce qui sera necessaire pour leurs charges, comme eguilles, dés, épingles, fuseaux, & semblables.

#### §. 2.

Ce ne sera point à elles, à donner la tâche aux Sœurs, mais seulement de veiller si elles accomplissent celle que la Mere Superieure, ou les autres Meres, leur auront donnée, & prendre garde si elles travaillent proprement & sans rien gaster; elles visiteront tous les soirs les ouvrages à la recreation, & apres en rendront conte à la Mere Superieure, sans en faire la correction aux Sœurs, ny faire voir leurs deffauts qu'aux seules Meres.

#### §. 3.

Elles apprendront les ouvrages aux Sœurs

qui ne les sçauront pas faire, & s'il y en a quelqu'vn qu'elles-mesmes ne sçachent pas, elles supplieront les Meres de nommer quelque Sœur pour les montrer; & Il sera bon qu'en châque corps, les Meres Maîtresses nomment vne Sœur qui prenne garde si les autres se rendent soigneuses de se tenir aux lieux destinés pour le trauail, & si elles employent bien le temps qu'on leur donne pour cela.

§. 4.

Les ouvrages estans faits celles qui en ont la charge les feront voir à la Mere Superieure, ou à la Mere qu'elle aura deputé, prendront garde que tout soit si bien fait & acheué, que ceux qui employent les Sœurs n'ayent aucun sujet de s'en plaindre, & puis les remettront à la Mere Oeconome.

§. 5.

Quand elles changeront d'ouvrages aux Sœurs, elles auront soin de retirer ce qui ne leur seruira plus, pour le leur donner vne autrefois, s'il est besoin, que si quelqu'vne ne le vouloit pas rendre, ou qu'elle negligeât de conseruer ce qu'on luy auroit remis pour l'ouvrage, elles le diront à la Mere Superieure, ou aux Meres Maîtresses.

§. 6.

Lors qu'elles, (ou les Sœurs qui seront nommées,) porteront aux Communautés ou rapporteront les ouvrages des Sœurs, elles prendront bien garde que rien ne se gaste, ou se perde : & le feront soigneusement & diligemment aux heures ordonnées.

§. 7.

### §. 7.

Elles auront vn inuentaire des choses de leur charge, selon que la Mere Oeconome jugera à propos, conserueront auec soin ce qui leur aura esté remis, ne les distribuant point mal à propos, & pour tét effet, hors ce qui est necessaire pour faire l'ouvrage, elles ne donneront rien que par la permission des Meres ; mais aussi elles prendront garde que rien ne manque aux Sœurs pour leur travail, sçachant d'elles aux obeïssances ce qu'elles auront besoin.

### §. 8.

En tout elles suiuront l'ordre de la Mere Superieure, ou de la Mere Oeconome, & se tiendront ponctuellement à ce qui leur est marqué, ou qui leur sera ordonné pour l'exercice de leurs charges qui est tres importante.

## Chapitre XLII.

### Des aydes de la Sacristie.

### §. 1.

LA Mere Superieure nommera deux ou trois Sœurs pour estre aydes à la Sacristie, lesquelles feront en cette charge ce que la Mere Sacristaine leur commandera ; & auront grand soin des choses qu'elle leur remettra pour les tenir nettement & bien rangées.

§. 2.

## Des aydes de la Sacristie. 159

§. 2.

Si l'on heurte au tour de la Sacristie, ou à la grille, elles n'y répondront point, sinon de l'ordre exprés de la Mere Sacristaine, ains iront l'appeller, ou vne des Meres, si elle n'y estoit pas, & ne demeureront iamais sans elle, dans la Sacristie qui répond au tour, que par le mesme ordre.

§. 3.

Quand elle leur donnera du linge, & des ornements à faire, ou à raccommoder, elles le feront promptement, proprement, & auec satisfaction d'être employées à vne si sainte besoigne ; tiendront les chandeillers de l'Autel, & toute la vaisselle fort nette ; voideront & rinseront tous les matins les burettes, sans iamais y laisser de l'eau ny du vin, & les tiendront renuersées.

§. 4.

Elles ramasseront soigneusement la cire qui sera tombée sur les chandeliers, & tous les petits bouts de Cierges, ne s'en seruant point en leur particulier sans permission : tiendront les chandeliers, & les mouchettes du chœur fort nets, les mettant pour l'Office quand il en sera besoin, & les retirant apres. Bref, elles s'appliqueront à toutes les choses ausquelles on les employera, auec deuotion, comme estant des actions referées immediatement au culte diuin.

§. 5.

Celle qui aura charge de sonner les exercices, le fera auec vne grande vigilance, & exactitude, pour n'auancer ny retarder pour
peu

peu que ce soit les heures qu'ils se doiuent faire, sinon par l'ordre de la Mere Superieure, se souuenant que Dieu destine des graces particulieres sur châque heure des exercices, ausquelles elle pourroit mettre obstacle, si par sa faute ils venoient à estre auancés, ou retardés. Ils se sonneront en ceste sorte.

### §. 6.

L'on sonnera auec la cloche du Convent le réveil du matin. Et pour les Aue Maria du matin, du midy, & du soir neuf coups, trois à chaque fois distant l'vn de l'autre, & puis on sonnera en branfle l'espace d'vn pater.

Ceux du matin seruiront pour marquer l'heure de faire l'Oraison, & vn peu auant qu'elle finisse, l'on sonnera Prime; au commencement desquelles l'on sonnera le premier coup de la Messe, en branfle durant vn pater, & l'on clochera durant vn Aue Maria. Pour le dernier coup on tintera enuiron 30. coups apres le dernier Psalme. L'on sonnera pour le sacre de la Messe de Communauté, quand on commencera la Preface, & aux grandes Messes lors qu'on chantera le Sanctus, trois fois neuf coups distant l'vn de l'autre. Les autres Messes se sonneront de mesme, excepté qu'on ne sonnera pas le sacre, & qu'on ne tintera que quinze ou vingt coups.

L'on sonnera pour Tierce & Complies vne fois; pour Vespres, & Matines deux coups distant l'vn de l'autre d'vn quart d'heure, & aux derniers coups que le branfle de la cloche sera aresté, l'on tintera quatre ou cinq coups. Celuy des Aue du soir sert pour le premier coup

*Des aydes de la Sacristie.* 161

coup de Matines. Aux grandes Festes, & quand le saint Sacrement sera exposé, l'on sonnera trois coups pour Vespres.

L'on tintera huit ou dix coups pour le chapitre des Coulpes.

L'on sonnera en bransle durant vn pater & vn Ave au commencement & au retour des Processions. Mais pour celles qui arriueront dans l'Eglise on sonnera durant vn Miserere, ou selon que la Mere Superieure ordonnera.

Pour les Predications on tintera durant vn demy quart d'heure. Et pour l'exposition, & benediction du saint Sacrement l'on mettra vn bon demy quart d'heure tant à sonner en bransle qu'à tinter, voire plus long-temps, si ladite Mere Superieure le trouue à propos, pour donner loisir au peuple de venir à la deuotion, ou au Sermon.

L'on sonnera aussi quinze coups, en l'honneur des principales douleurs de nôtre Seigneur Iesus-Christ, pour les Litanies de la Passion qui se disent en Caresme.

Quand on chantera vne grande Messe, l'on sonnera le premier coup en bransle durant vn Miserere, & l'on tintera durant vn De profundis, ou plus si la Mere Superieure l'ordonne ; & le dernier coup se tintera comme aux Messes ordinaires.

Pour l'Office des Morts qui se dit ordinairement les Dimanches, l'on sonnera en bransle pendant vn Miserere, ou comme ladite Mere trouuera bon.

Le reste qui se deura sonner selon les solemnités, ou pour les obseques des Superieurs,
des

des bien-facteurs, & des Sœurs, est marqué en son propre lieu au directoire de l'Office.

§. 7.

L'on sonnera auec la cloche ordinaire. Les silences, sçauoir à neuf heures & demie du matin, à la fin de la recreation d'apres le dîné, & à cinq heures du soir la lecture, l'instruction, les repas, pour lesquels on sonnera deux coups distant enuiron d'vn quart d'heure, & au dernier coup l'on tintera cinq ou six coups. L'on sonnera vn peu auant les Ave Maria du matin, Tierce, Vespres, Complies, où l'Office des Morts, où les Pseaumes Penitentiaux, és Dimanches & Festes, & les obeïssances ; & l'on tintera quinze coups les iours de Chapitre apres qu'on aura sonné le silence à cinq heures du soir, afin que les Sœurs s'assemblent pour l'Office diuin, ou le Chapitre, au lieu destiné, & qu'elles entrent par ordre au chœur, ou au Chapitre, dés que l'autre cloche commencera de sonner, excepté le matin pour l'oraison qu'elles ne s'assembleront pas, ains iront droit au chœur.

L'on sonnera aussi la fin de la lecture en Caresme. La Confession se sonnera de mesme, & pour la distinguer l'on tintera vne vingtaine de coups à la fin. Et si la Mere Superieure le trouue bon l'on tintera vne quinzaine de coups quand les Sœurs du premier ou second ordre seront presque confessées, afin que celles de l'ordre qui suit s'assemblent pour se confesser.

Si pour quelque sujet la Messe de Communauté

*De plusieurs Offices.* 163

nauté étoit retardée, l'on sonnera quinze ou vingt coups auec cette cloche, auant le dernier coup de la Messe. Et de mesme quand la Mere Superieure voudra faire assembler extraordinairement la Communauté.

❦❦❦❦❦❦❦❦❦❦❦

## CHAPITRE XLIII.

*De celles qui seront employées aux autres seruices de la maison.*

### §. 1.

L'Estat de Penitence n'exige rien tant de celles qui y sont appellées, que de pratiquer l'humilité; c'est pourquoy les Sœurs se tiendront toûjours prestes, & disposées pour estre employées au seruice des autres, sans pretention d'aucune dispense, que selon qu'il plaira à la Mere Superieure. Et mesme elles doiuent auoir de la joye quand on les y exercera, afin de suiure nôtre diuin exemplaire Iesus-Christ, qui a dit, qu'il n'étoit pas venu pour estre serui, mais pour seruir; & son Apôtre dit de luy, qu'il s'est aneanty, & humilié soy-méme, ayant pris la forme de seruiteur.

### §. 2.

La Mere Superieure, par l'advis des autres Meres, choisira celles des Sœurs qu'elle estimera plus fortes, & robustes, pour être occupées

cupées aux grosses besoignes, comme de faire la cuisine, pétrir le pain, trauailler au jardin, faire les lexiues, & semblables, lesquelles Sœurs s'y employeront auec consolation & joye, se souuenant que l'homme a esté condamné à gaigner son pain à la sueur de son visage par esprit de penitence, & que partant le trauail est le meilleur moyen de satisfaire à la justice de Dieu pour ses pechés.

§. 3.

Toutesfois la Mere Superieure, auec l'advis des autres Meres, la permission du Pere Spirituel, & le consentement des peres temporels, pourra receuoir vne fille ou deux à gage pour seruantes, ou tourieres, soit pour ayder aux Sœurs en leur trauail, soit pour les messages & affaires de dehors, pour cét effet, on prendra garde que telles filles soient fortes, de bonne complexion, de bon naturel, point vicieuses, & bien fidelles; & ladite Mere Superieure s'informera diligemment de leurs bonnes qualités; & auant que leur donner parole leur proposera tout ce qu'elles auront à faire; & si elles sont bien resoluës de seruir la maison auec fidelité, obseruant ponctuellement les points suiuants.

1. De ne jamais porter aucunes lettres, ny faire aucun message du dehors aux Sœurs, ny des Sœurs à ceux de dehors, que par l'ordre de la Mere Superieure.

2. De la tenir fidelement advertie si telles commissions leur estoient données, ou si elles s'apperceuoient que les Sœurs fissent quelques intrigues, complots, ou secrettes menées,

## De plusieurs Offices. 165

menées, ou les visent parler aux personnes seculieres qui seroient dans la maison.

3. De n'auoir jamais aucun entretien particulier auec lesdites Sœurs, ny n'en souffrir aucun de leur part sans le luy faire sçauoir, sinon auec sa licence, ou de la Mere Œconome.

4. De ne receuoir sans ceste licence aucun present des Sœurs, ny mesme des personnes de dehors, & ne jamais faire sçauoir à ceux de dehors, ce qui se fait dans la maison, qui pourroit causer de la mes-estime des Sœurs, ou de la conduitte des Meres.

Et faudra que lesdites filles promettent entre les mains de la Mere Superieure, de garder inuiolablement ces quatre points pendant qu'elles seront au seruice de la maison: Car il est tres-important pour des bonnes raisons, de n'en admettre aucune qui ne s'engage à l'obeissance des points susdits; ce qui leur faut bien faire entendre, & que ce ne sera que pour le temps qu'elles seront au seruice de ceste maison des penitentes.

Mais si elles témoignent grand desir de passer leur vie au seruice de Dieu, & de la maison, & que par plusieurs années de seruices, elles ayent donné des preuues certaines de leur fidelité, la Mere Superieure, de l'aduis des autres Meres, & le consentement du Pere Spirituel, les pourra receuoir au rang des Sœurs de la Probation, en la maniere qu'il sera dit cy-apres des Sœurs tourieres de la maison, & ainsi les asseurer pour leur vie, sans qu'on les puisse renuoyer que pour des

actions

actions scandaleuses, ou des desobeïssances formelles, & dés qu'elles seront ainsi admises, tout ce qu'elles auront sera acquis à la maison, & l'on ne leur payera plus de gage, ains seront entretenuës, & traittées comme les autres Sœurs.

§. 4.

Que si par la permission du Pere Spirituel, la Mere Superieure de l'advis des autres Meres, iuge à propos que l'on employe quelques vnes des Sœurs pour sortir, & rendre dehors les seruices necessaires à la maison, elles seront auparauant les protestations que font les Sœurs de la Probation, en y adjoûtant les points susdits, elles ne prendront pas pourtant l'habit des Sœurs, ains seront vestuës comme les honnestes filles seculieres de leur condition, simplement & modestement de couleur minime brun, comme le Scapulaire des Sœurs; & seront traittées ny plus ny moins que les autres Sœurs, pour le soin de leur auancement en la perfection, pour la correction de leurs defauts, pour leur nourriture, & le soin de leur santé. Et quand elles ne pourront plus rendre leur seruice, ou que l'on iugera à propos, de ne plus les faire sortir, on leur pouruoyera du repos, auec d'autant plus d'affection, qu'elles auront fait paroître de fidelité pendant le temps de leur seruice. Voire-même pour leur consolation elles pourront estre receuës Religieuses comme les autres, (si le Pere Spirituel le trouue bon,) dans le rang de celles qui disent l'Office de Pater, si elles ne sçauent pas dire

§. 5.

## De plusieurs Offices. 167
### §. 5.

Toutes celles donc qui seront destinées pour le service penible, soit les Sœurs de-dedans, ou des filles de dehors, suiuront exactement l'ordre de la Mere Oeconome pour leur employ, & celuy de la Mere Superieure pour leur leuer & coucher, & leurs autres exercices.

Elles entendront tous les iours la sainte Messe tant qu'elles pourront en recitant leurs Chappelets, si elles veulent, lesquels elles doiuent dire tous les iours ; se trouueront aux obeïssances ( si l'on ne leur ordonne le contraire ) assisteront à l'examen du soir, ou le feront en leur particulier, & le matin apres qu'elles seront leuées, elles prendront enuiron vne demie heure pour faire leur exercice du matin, & autres prieres, selon que la Mere Superieure leur ordonnera, tâcheront de se trouuer aux instructions de leur rang, & au Chapitre des Coulpes si elles y doiuent assister, & à tous les autres exercices de la Communauté qui leur seront marqués, ne s'en dispensant point que par l'ordre, ou la permission de la Mere Superieure, ou de la Mere Oeconome. Et si elles sont Nouices, ou Professes, elles reciteront l'Office qu'elles doiuent dire, aux heures qu'on leur prescrira.

Elles ne mangeront point dans la cuisine sans permission expresse, ains au refectoir en y obseruant le silence, & seront exactes d'y aller aux heures ordonnées pour prendre leurs repas.

Elles

Elles feront leur trauail auec joye pour l'amour de Dieu, éuitant autant qu'elles le pourront, toutes superfluités, & oysivetés de paroles; & conserueront auec soin ce qui leur sera remis.

### §. 6.

Pour les reglements particuliers, qu'elles doiuent obseruer és charges de Cuisiniere, jardiniere, touriere, & autres employs, necessaires au bon ordre de la maison, comme aussi du deuoir de celles qui seront aydes des Offices, l'on en trouuera vn chapitre à la fin du Directoire Spirituel; & les Sœurs seront obligées d'être aussi ponctuelles à la pratique de ce qui leur est marqué dans le susdit Directoire Spirituel, & de mesme dans le Directoire, ou Ceremonial de l'Office, comme si les choses estoient specifiées dans ces Constitutions.

## CHAPITRE XLIV.

*De l'Enterrement des Sœurs, & des Prieres pour les Morts.*

### §. 1.

Lorsque les Sœurs seront à l'agonie, l'on fera assembler la Communauté à l'infirmerie, (si elle n'y étoit pas, ou que la Mere Superieure

*Du deceds des Sœurs.* 169
Superieure ordonnat autrement,) pour faire les recommandations de l'ame.

§. 2.

Les personnes qui assisteront les malades en cét estat, auront vne charité toute particuliere pour les aider à faire Chrestiennement ce passage. A cét effet, elles pourront leur faire entendre, si le mal leur laisse assez de liberté d'esprit pour le conceuoir, que la mort est la peine que Dieu a imposée au peché, & par consequent qu'il la faut receuoir en esprit de penitence, & comme vne expiation de tous les pechés de la vie ; ou bien encores, si elles sont Professes, comme la consommation de leur sacrifice, puis que tout vray sacrifice ne s'acheue, & ne s'accomplit que par la mort de la victime.

Elles leur feront aussi faire tous les actes accoûtumés, comme de resignation à la volonté de Dieu, de vraye douleur des pechés commis, de Foy, de confiance en la diuine misericorde, & sur tout d'vn veritable & pur amour de Dieu.

Et cependant les Sœurs ne manqueront d'assister celles qui seront en cét estat de leurs plus feruentes Prieres, pour leur obtenir les graces si necessaires en ce dernier moment, qui doit decider leur eternité.

§. 3.

Quand quelque Sœur sera decedée, la Mere Superieure fera advertir les Peres Temporels pour pouruoir à l'enterrement, qui doit estre fait par le Curé de la Parroisse, conformément

H

formément à l'ordre de l'Eglise, & le Ceremonial de la maison.

### §. 4.

Le corps sera porté au chœur à l'heure conuenable, le plûtost qu'il se pourra ; les Sœurs diront, le corps estant present, l'Office des Morts tout entier, de suite ou par interualles, selon que la Mere Superieure le iugera pour le mieux ; & pendant que la Communauté ne priera pas, ou qu'on ne dira pas des Messes, l'on commettra deux Sœurs ou quatre, qui diront le Pseautier, tout haut & posément, où le Chappelet aupres du corps de la defuncte, ce qui se commencera dés qu'elle aura expiré, & se continuera, jusques à la sepulture, changeant lesdites Sœurs d'heure en heure, par le soin de la Mere Assistante.

### §. 5.

Outre les Prieres susdites, les Sœurs feront les suiuantes pour les Sœurs decedées. Elles diront l'Office des Morts tout entier selon l'ordre de l'Eglise, le troisiéme, le septiéme, & le trentiéme iour apres l'enterrement, & pendant trente iours vn De profundis apres None, auec les Versets & l'Oraison. Elles communieront pour la defuncte le iour de son deceds, ou le lendemain, & luy appliqueront trois autres Communions durant le trentain, & vne cinquiéme au iour plus proche dudit trentain ; auec tous les Chappelets, Penitences, & autres bonnes œuvres qui se feront ce iour-là en la Communauté.

## Du deceds des Sœurs.

### §. 6.

La Mere Superieure aura soin de ressouuenir les Peres Temporels de faire dire trente Messes pour la defuncte en quelque Autel Priuilegié, outre lesquelles on luy appliquera la Messe Conuentuelle és iours des Communions que les Sœurs doiuent faire pour elle. Et l'on dira aussi deux grandes Messes pour elle, sçauoir le iour de l'enterrement, & le trentiéme iour.

Et de plus vne au bout de l'an, ou au iour plus proche, ( le deuant plûtost auancer que retarder,) auec l'Office des Morts à neuf leçons, & les Sœurs feront la Communion à son intention, auec l'application des Chappelets, & bonnes œuures de ce iour-là.

### §. 7.

Celles qui ne sçauront pas lire, ou qui ne se trouueront pas au chœur lors qu'on dira l'Office des Morts pour la defuncte, diront à son intention quinze fois le Pater & l'Aue, en l'honneur de la Passion de nôtre Seigneur Iesus-Christ, & pour le De profundis, vn Pater & Aue.

### §. 8.

Pour reconnoissance de leurs obligations enuers Monseigneur l'Archévêque de Lyon, & enuers leur Pere Spirituel, elles feront, à leurs deceds, les mêmes Prieres marquées pour vne Sœur.

Au deceds du Confesseur ordinaire, de Meres qui les auront seruies, & des Pere Temporels, on chantera vne grande Messe les Sœurs diront l'Office des Morts à neuf

H 2 Leçons

Leçons, trente iours durant vn De profundis auec les Versets & l'Oraison, appliqueront quatre Communions, la Messe Conuentuelle, & les bonnes œuures de ce iour-là, durant le trentain; & finalement au bout de l'an, elles repeteront les Vigiles des Morts à trois Leçons, la Messe, la Communion, & l'application des bonnes œuures à leur intention.

Mais si quelqu'vne des Meres meurt dans la maison, les Sœurs feront les mêmes Prieres pour son ame que pour vne d'entr'elles.

Quant aux bien-facteurs, bien-factrices, la Mere Superieure par l'advis des autres Meres, ordonnera les Prieres qu'elle iugera à propos pour reconnoître leurs bien-faits.

§. 9.

Tous les Dimanches de l'année, (si la Mere Superieure n'en dispense,) les Sœurs diront l'Office des Morts à trois Leçons tout de suitte, à cinq heures & vn quart du soir.

Ladite Mere le pourra faire appliquer soit pour le general des deffunts soit pour des particuliers; en sorte neantmoins qu'vne fois le mois, ou pour le moins de deux en deux mois on le dise pour les parens des Sœurs, & pour ceux qui leur ont procuré du bien. Vne autrefois pour les Religieuses de sainte Marie de Belle-Cour, qui les auront seruies, & pour les Sœurs Penitentes decedées en ceste maison. Et celuy qui se dira plus proche du commencement de châque mois sera dit pour tous les defuncts en general, afin de suiure l'intention de la sainte Eglise.

Tou

*De la Visite.* 173

Tous les Lundys elles appliqueront leurs Chappelets, Penitences, & autres bonnes œuures, pour les defuncts pour lesquels elles auront dit l'Office des Morts le Dimanche precedent. Et feront ceste charité pour ces pauures ames auec d'autant plus d'affection, qu'elles ne peuuent pas en faire d'autres, & que la necessité de leur trauail ne leur permet pas de faire de grandes Prieres pour leur soulagement.

## Chapitre XLV.

### *Instruction pour la Visite.*

#### §. 1.

Quelque soin que l'on ayt de se maintenir dans le bien, il est difficile que la nature humaine ne se ressente toûjours de la corruption, à laquelle le peché la malheureusement assujettie; c'est pourquoy pour en éuiter les mauuaises productions, il est bon que tous les ans vne fois, l'on fasse la visite en ceste maison des penitentes, pour connoître les manquements qui se seroient faits contre les reglements, & y apporter les remedes necessaires.

#### §. 2.

A ces fins châque année au mois de Iuin, la Mere Superieure, ressouuiendra le Pere Spirituel, s'il agreéra de faire la visite, & s'il le iuge

iuge à propos, elle aduertira les Sœurs de s'y preparer, appliquant leurs Prieres & mortifications pour obtenir du S. Esprit vne lumiere, qui éclaire leur entendement, & enflamme en leur volonté vn saint zele de leur perfection. Et s'examineront soigneusement en la presence de Dieu, se dépoüillans de toutes leurs passions, & interests, ne visant qu'à sa gloire, & à la sanctification de la maison, où elles ont le bien de demeurer.

§. 3.

La fin de la visite n'estant pas de changer les reglements establis, mais de prendre les voyes les plus propres pour corriger les deffauts qui se commettent contre iceux, & pour en procurer vne plus exacte & ponctuelle obseruance, pour cét effet, les Sœurs sont obligées par l'amour qu'elles doiuent à leur Institut, de découvrir naïfvement, simplement, & charitablement, non seulement leurs propres deffauts, mais aussi tous les desordres notables qu'elles auront veritablement remarqués, ( si l'on n'y auoit pas remedié, ) soit au commun des Sœurs, soit aux particuliers qui pourroient porter quelque consequence, & prejudice au bon estat de la maison.

§. 4.

Le iour estant arriué, le Pere Spirituel, ou celuy qui sera commis de sa part, ayant fait l'exhortation à la grille du chœur, & les Prieres estans dites, les Professes, les Nouices, & les Probanistes iront luy parler en particulier, se mettans à genoux, bien que s'il leur
comma-

## De la Visite. 175

commande de se leuer elles le doiuent faire, & luy répondront comme à Dieu méme, de tous les points de l'examen qu'il leur voudra faire, & luy découuriront tout ce qu'elles auront resolu, soit pour leur particulier, soit pour le regard des autres; receuant les instructions & reprehensions qu'il leur fera auec vn tres-grand respect, & prenant vn soin tout special de les bien imprimer dans leurs ames, pour en profiter.

Or bien que les Sœurs puissent dire au Pere Spirituel, ou au visiteur en ceste action de la visite, tout ce qu'elles voudront, pourueu que ce soit toûjours auec verité & charité, neantmoins la Mere Superieure leur fera bien entendre qu'elles n'ont pas semblable liberté enuers les autres, & que mémes dans leurs Confessions tant ordinaires qu'extraordinaires, elles ne doiuent parler que d'elles, & ladite Mere veillera à ce que ces communications de conscience, se fassent selon l'intention pourquoy elles sont permises, qui est pour la consolation & le bien des ames, ce qui ne seroit pas si elles se passoient en murmures, plaintes, ou médisances d'autruy, & si elle s'apperçeuoit qu'on y commit ces fautes, elle en donnera advis au Pere Spirituel, afin qu'il y soit remedié.

Si le visiteur veut parler aux Sœurs Congregées, la Mere Superieure prendra soin de les faire aller deuant luy; & elle, & les autres Meres luy parleront aussi chacune en particulier deuant ou apres les Sœurs, selon qu'il le trouuera bon.

H 5 §. 5.

## § 5.

L'examen étant acheué, on le suppliera d'entrer dans la maison, reuestû d'vn Surplis & de l'estole, accompaigné du Confesseur, & ( s'il veut, ) d'vn autre Ecclesiastique reuestûs aussi d'vn Surplis, toutes les Sœurs iront le receuoir en Procession à la porte, se mettront à genoux pour receuoir sa benediction; la Mere Superieure luy presentera les clefs de la porte, on le conduira processionnellement au chœur, puis au Chapitre, où apres qu'il aura fait son exhortation, & publié ses Ordonnances pour le general des Sœurs, ( s'il iuge à propos d'en faire, ) & dit ce qu'il trouuera bon aux Sœurs Congregées, leur Mere Maistresse dira la coulpe pour toutes, lesquelles ayant receu auec humilité les advertissements, corrections, & penitences qu'il leur donnera se retireront. Le visiteur continuera de dire aux autres Sœurs ce qu'il iugera conuenable, qui le receuront auec vne profonde soûmission, & vray desir de s'amander. La Mere Superieure pourra faire accuser celles qui auroient mal édifié les Sœurs par leurs fautes, si elles ny auoient satisfaits auparauant par l'amendement, ( même des Congregées auant qu'elles sortent, ) lesquelles ayant receu la correction & la penitence qui leur sera enjointe par le visiteur, la Mere Assistante dira la coulpe pour toutes, & le visiteur les ayant absoutes, leur dira ce qu'il estimera necessaire pour conclurre ceste action, & châcune des Sœurs se retirera.

§ 6.

## De la Visite.

### §. 6.

Le Chapitre achevé, la Mere Superieure auec les autres Meres, conduiront le visiteur & ses assistans par toute la maison, pour leur faire voir si tout est conforme aux reglements, ouurira tout ce qui sera fermé à clef, & receura de sa main ses Ordonnances (s'il en a faites,) qu'elle conseruera soigneusement. Si quelque Sœur estoit rencontrée elle se mettra soudain à genoux pour receuoir sa benediction, comme aussi toutes s'y mettront, s'il alloit au lieu où elles fussent assemblées, y demeurans jusqu'à ce qu'il s'en aille, ou qu'il leur commande de se leuer. Et enfin à sa sortie, les Meres demanderont & receuront sa benediction à genoux.

### §. 7.

Toutes les Sœurs conserueront fidellement la memoire de ce qui leur aura esté recommandé par le visiteur, sans pourtant parler entr'elles de ce qu'elles luy auroient fait sçauoir, ou qu'elles auroient dit en particulier, ny des corrections, ou penitences qu'il auroit faites, ou enjointes à quelques-vnes en presence des autres, quoy que les Meres, puissent les en faire souuenir, si elles negligent de se corriger; beaucoup moins se doiuent-elles montrer curieuses, ny se picoter, ou menacer, sur ce qu'elles soupçonneroient que les autres auroient parlé d'elles; & les Meres devront imposer de bonnes penitences, à celles qui feront ces fautes. Bien pourront-elles s'entretenir des exhortations, reprehensions, & ordonnances generales

178 *Constitutions. De la Visite.*

qu'il aura faites, pour seulement s'exciter d'en tirer profit; & pour cét effet, la Mere Superieure leur lira de fois à autre lesdites ordonnances, ( s'il y en a, ) & ce qu'elle aura fait recueillir des choses principales qu'il aura dites, si elle auoit iugé à propos de le faire écrire, afin de leur en rafraichir la memoire, & que ceste action si importante, leur soit renduë vtile pour l'avancement de leurs ames en la perfection.

*Fin des Constitutions.*

*Formule de la renouation des Vœux que les Sœurs Professes font tous les mois.*

IE Sœur N N. Desirant de tout mon cœur de correspondre aux lumieres, qu'il a plû à Dieu de me donner pour ma conuersion, & reconnoissant que pour cét effet, il est necessaire que j'entre dans vn estat si ferme, & si constant, que ie ne puisse iamais retourner en arriere, ny méme auoir aucun regard sur les choses passageres du monde, que i'ay volontairement abandonnées, & ausquelles ie renonce de nouueau par ma pure & franche volonté, confirme & renouuelle de tout mon cœur les vœux & promesses que sans aucune

cune contrainte, i'ay faits à Dieu Tout-
puissant, à la tres-sainte Vierge, à nôtre
glorieuse Mere sainte Marie Magdeleine, à
Monseigneur nôtre Archevéque, & à ses
Successeurs, à nôtre tres-honnorée Mere,
& à celles qui luy succederont en sa charge,
de viure en perpetuelle pauureté, chasteté,
obeïssance, & closture conuenable, selon
la Regle de saint Augustin, & les Constitutions particulieres faites pour ce Monastere,
& approuuées par l'Ordinaire, lesquelles Regles & Constitutions, i'ay promis, & promets d'obseruer, & de satisfaire aux trans-
gressions que ie pourray commettre contre
icelles; lors que i'en seray requise par mes Superieurs & Superieures, priant Dieu que la
sainte Profession que i'ay faite de la vie Religieuse & Penitente, ne soit pas seulement
pour le temps auquel ie l'ay faite, mais qu'elle estende sa force & sa vertu sur toutes les
parties de ma vie, en sorte qu'il n'y en aye
pas vne, qui n'en porte les marques & les caracteres, & que le dernier moment qui la doit
terminer, soit l'accomplissement & la consommation de ce sacrifice que ie fis lors de ma
Profession, & que i'offre derechef à Dieu en
esprit de vraye contrition, & d'humilité,
puis que c'est le sacrifice que Dieu veut, &
qui vaut mieux que tous les Holocaustes.
Ainsi soit-il.

H 6     *Formule*

*Formule de la renouation publique que les Sœurs Professes, font de leurs Vœux le iour de sainte Magdeleine.*

Ie Sœur N. N. Confirme & renouuelle de tout mon cœur les vœux que i'ay faits à mon Dieu, de Pauureté, Chasteté, Obeïssance, & Closture, priant sa diuine bonté me faire la grace de les garder fidellement jusqu'au dernier soûpit de ma vie.

*Formule de la renouation de la protestation que les Sœurs Nouices, & Probanistes font tous les mois.*

Prosternée en toute humilité deuant le Trône adorable de la diuine Majesté de mon Redempteur IESVS-CHRIST. Ie Sœur N. N. Renouuelle & confime de tout mon cœur, ma protestation d'embrasser la vie Penitente, tout ainsi qu'elle m'est enseignée, dans les Regles, Constitutions & Directoires de cette maison de sainte Magdeleine, que ie promets garder tout le temps de ma vie, & de pratiquer les moyens qui me sont prescrits pour m'aider à me releuer, en cas que par mal-heur ie vins à déchoir de mes saintes resolutions, accomplissant les Penitences qui me seront enjointes pour mes fautes, suppliant nôtre Seigneur, que m'ayant donné cette bonne volonté de me conuertir

toute

*Formule des Vœux.* 181

toute à luy, il luy plaise la rendre efficace, au Nom du Pere & du Fils & du saint Esprit. Amen.

*Renouation de la protestation que les No-vices, & les Probanistes, font le iour de sainte Marie Magdeleine.*

Ie Sœur N. N. Renouuelle de tout mon cœur ma protestation d'embrasser la vie Penitente, conformément aux Statuts de ceste sainte maison, suppliant la diuine Bonté me faire la grace d'accomplir fidellement ma promesse, au Nom du Pere & du Fils & du saint Esprit. Amen.

DIRE

# DIRECTOIRE SPIRITVEL,
pour les actions Iournalieres des Sœurs Penitentes de sainte Marie Magdeleine de Lyon.

## Chapitre Premier.

*Comme elles doiuent se comporter à leur réueil, & en se leuant.*

1. D'Avtant que les bonnes ou mauuaises dispositions dans lesquelles on opere les actions de la iournée, procedent ordinairement de la fidelité, ou infidelité que l'on à de remplir son esprit de saintes pensées dez qu'on s'eueille, les Sœurs seront soigneuses si tost qu'elles s'eueilleront d'éleuer toute leur ame en Dieu, par quelques deuotes pensées, ou saintes aspirations telles que celles cy ; mon Dieu, i'eleue mon cœur à vous dez le matin, i'espere que vous serez à mon ayde, ou bien, O Iesus, ie vous donne mon cœur.

Elles se souuiendront que le commencement de chaque iour est comme vn commencement de la vie, & qu'ainsi qu'elles auroient
deu

## Du Réveil & lever.

deu consacrer le premier vsage de leur vie à l'amour & seruice de Dieu, si elles auoient eu alors le bon-heur de le connoistre, qu'il faut pour y suppléer, qu'elles soient grandement fidelles à luy offrir leur premieres pensés, paroles, & actions de la iournée. Et pour cét effet elles feront en sorte que leur premiere pensée soit adressée à Dieu, que leur premiere parole soit, Iesus Maria Ioseph. Et que leur premiere action soit le signe de la sainte Croix, afin que tout leur interieur & exterieur soient munis de la protection de Dieu contre les embuches de Sathan.

Pour cela mesme elles s'habitueront de tourner leurs pensées vers Dieu, quand elles s'eueilleront la nuit, soit en l'adorant en esprit, soit en pensant à quelques vns des sacrez mysteres que nostre Seigneur Iesus-Christ a operez la nuit, comme sa sainte Natiuité, la plus grande partie de sa Sacrée Passion, sa triomphante Resurrection, & semblables. En sorte neantmoins que l'application qu'elles auront à telles pensées ne les empechent pas de dormir, car elles doiuent faire leur possible pour prendre leur sommeil aux heures qui leur sont ordonnées afin d'estre plus vigoureuses pour seruir Dieu durant le iour.

2. Elles pourront prendre dans les exercices de S. François de Sales, dans le liure de la vie & du Royaume de Iesus, & autres semblables, des bonnes pensées pour tenir leur esprit remply de Dieu pendant ce temps, & mesme pour leurs autres actions de la iournée, ou selon l'inspiration du saint Esprit, ayant la liberté

berté de suiure leur attrait interieur. Mais sur tout selon la direction qui leur sera donnée.

3. Aussi tost que le réueil sonnera elles seront diligentes à se leuer, se souuenans que le sommeil estant l'Image de la mort, & le réueil l'Image de la Resurrection, elles doiuent estre aussi promptes à se leuer, que les morts seront prompts à ressusciter, lors que l'Ange leur dira, leuez vous morts, & venez au iugement ; & ainsi se representans que le son de la cloche, ou le signe du leuer est la voix de Dieu qui les appelle ; elles diront auec Samuel, me voicy, Seigneur, parce que vous m'auez appellée ; ou bien auec Iob, ie croy que mon Redempteur est viuant, & qu'au dernier iour ie ressusciteray pour voir mon Dieu, & mon Sauueur, cette esperance repose dans mon sein : vous m'appellerez, O mon Dieu, & ie vous respondray ; hé ! de grace, donnez vostre dextre à l'ouurage de vos mains, vous auez conté tous mes pas, mais pardonnez moy mes pechez.

Elles pourront aussi penser à la diligence de leur Patrone sainte Marie Magdeleine, laquelle, (comme dit saint François de Sales,) émüe de pieté se leua de grand matin pour aller chercher le Dieu de la vie trépassé. Et ainsi se mettans à bas du lict, elles diront à l'imitation de cette sainte, ie me leueray & chercheray celuy que mon ame desire; ce qu'elles appliqueront plus particulierement les iours qu'elles deuront communier, & pourront aussi se representer en ces iours là, que le réueil

est

est comme la voix qui fut oüye à la minuit, voicy l'Espoux qui vient, allez au deuant de luy, & toutes joyeuses, elles diront du fonds de leurs ames, me voicy Seigneur, faites-moy la grace de paroître en vostre presence auec vne lampe ardente pleine de l'huyle des bonnes œuures que par vostre misericorde j'auray faites. Ou bien elles diront, ie me leue au Nom de mon Seigneur IESVS-CHRIST, qui fut éleué pour moy sur l'arbre de la Croix, où, sortit glorieux du Sepulchre.

4. Elles seront fort attentiues d'obseruer vne grande bien-seance en se leuant, & si elles sont exposées à la veuë des autres, elles ne se mettront point à bas du lict, qu'elles ne soient modestement vestuës; en sorte qu'on ne leur puisse point voir de nudité messeante; & obserueront la même circonspection en se couchant.

5. En commençant à se vestir, faisant le signe de la Croix, elles diront rendez-moy, mon Dieu, ma robbe d'innocence, & me reuestez du manteau de la charité, he! ne permettrez pas que ie paroisse nuë de bonnes œuures deuant vostre sainte face. Ou bien, elles consacreront leur action, comme aussi celle de leur réveil, en l'honneur & vnion de celles de nôtre Seigneur Iesus-Christ, lors qu'étant en ce monde il s'est reuestu d'habits semblables aux nostres, & à dormy comme l'vn des enfans des hommes.

6. Prenant leurs sandales, ou se chaussant, elles diront, dressez, Seigneur, mes pas en

vos

vos sentiers, afin que ie chemine toûjours en vostre presence ; ou bien, faites-moy la grace de cheminer en l'obseruance de vos preceptes, afin qu'aucune iniquité ne domine en moy.

7. Le plûtost qu'elles pourront elles prendront de l'eau benite, & en faisant le signe de la Croix, elles diront, *Asperges me, &c.* ou bien, *Aqua benedicta deleantur nostra delicta, In nomine Patris, & Filÿ, & Spiritus sancti, Amen.* Et se mettans à genoux, elles adoreront Dieu par telles ou semblables paroles, proferées ou de cœur, ou de bouche ; O mon Dieu, ie vous adore du plus profond de mon ame, & du plus intime de mon cœur, ie vous remercie, mon Dieu, de ce qu'il vous à plû me conseruer cette nuit, me preseruant en icelle de tous dangers ; ie vous demande tres-humblement pardon de tous les pechés que i'y ay commis, & pû commettre, & de toutes les occasions ausquelles ma malice, ma foiblesse, & mon infirmité m'auroient exposée si vostre Bonté ne m'en eust retirée, dont ie vous rends infinies graces ; faites-moy ie vous supplie la misericorde que ie puisse passer cette journée sans vous offenser, mais qu'en icelle ie vous ayme, vous loüe, & vous glorifie, comme mon Souuerain Seigneur, mon Createur, & mon Redempteur, & qui serez, comme ie l'espere, vn iour mon glorificateur ; pour cét effet ie vous demande vostre sainte benediction, celle de vostre tres-saincte Mere, de mon saint Ange, & de mes Saints protecteurs.

8. Cette

## Du Réveil & lever.

8. Cette adoration faite, elles continueront de s'habiller en pensant aux deffauts ausquels elles sont plus sujettes pour former des bonnes resolutions de s'en corriger moyennant la divine grace ; prevoyant aussi leurs actions extraordinaires de ce iour-là, comme si elles devoient se confesser, ou communier, afin de diriger leur intention pour les faire saintement ; & vseront de cette prevoyance non seulement pour ces actions si saintes, mais aussi pour toutes autres qui ne leur sont pas journalieres, comme si c'estoit le iour qu'elles deussent balier, servir vne malade, & semblables, pour demander à Dieu la grace de faire tout à sa gloire. Et le reste du temps elles se remettront en memoire le sujet qu'on leur aura leu pour la meditation, & la resolution qu'elles y doiuent faire ; qui doit toûjours estre pour la pratique de la vertu dont elles ont le plus de besoin, conformément à leur vocation, ou l'amendement de quelques deffauts qu'elles ont reconnu leur estre plus ordinaires.

9. Elles se peigneront ou frotteront la teste l'espace d'environ vn Pater & Ave qu'elles pourront reciter, sur tout si leur esprit estoit distrait, ou bien pour faciliter leur application à Dieu, elles diront, ostez de mon esprit, & de mes pensées, ô mon Dieu tout ce qui peut déplaire à vos yeux.

Les Novices, & les Professes en prenant leurs Scapulaires, apres l'avoir baisé, pourront dire, ie vous remercie, mon Dieu, de m'auoir imposé le joug doux & suafve de vôtre

tre sainte loy, faites que ie porte toûjours auec allegresse, & que ie prefere en toutes choses l'accomplissement de vos saintes volontés à mes inclinations.

Et toutes en prenant leur voile le baiseront, & pourront vser de ces paroles, mon doux IESVS, que la charité qui vous fit souffrir d'auoir la face voilée en vôtre sainte Passion, couure mes pechés lors que ie paroîtray deuant vous.

Celles qui portent vn Crucifix, en le baisant deuotement, & le mettant sur leur poictrine, pourront vser de ceste amoureuse aspiration, soyez, O mon IESVS Crucifié, comme vn diuin cachet sur mon cœur, afin que rien n'y entre qui vous puisse déplaire; ou bien faisant vn acte d'acceptation de toutes les Croix petites & grandes qui leur pourroient arriuer, elles diront auec saint Paul, ie suis crucifiée au monde auec Iesus-Christ, jà n'aduienne que ie me glorifie, sinon en sa Croix & en ses opprobres.

10. Elles seront tres-diligentes à s'habiller, & feront toûjours leurs licts, & rangeront leurs cellules, n'y laissant rien traîner, & s'il se peut, se laueront les mains & la bouche deuant qu'aller à l'Oraison; sur tout les iours qu'elles deuront communier.

CHAPI

De l'exercice du matin. 189

## CHAPITRE II.

*De l'exercice du matin, & de l'Oraison.*

1. Les Sœurs seront promptes d'aller au chœur, dés qu'on tintera les huits coups de la cloche des exercices, qui se sonneront deux ou trois Miserere auant les Ave Maria, pour donner le temps aux Sœurs de s'assembler. Elles y entreront auec recueillement & modestie, feront l'enclin au tableau de la sainte Vierge, & la genuflexion au tressaint Sacrement, faisant ce premier acte d'adoration enuers le diuin Sacrement auec grand rabbaissement & application d'esprit.

2. La demie heure d'apres le réveil étant finie l'on sonnera les Ave Maria, que la semaniere dira tout haut auec les Versets & l'Oremus, & les autres la suiuront tout bas, & au Verset *Et Verbum caro factum est*, si elles sont à genoux, elles baiseront la terre, & si elles sont droites, elles feront la genuflexion.

3. En suitte ladite semaniere, ou celle qui sera nommée, dira tout haut les Prieres qui suiuent de l'exercice du matin, & les autres la suiuront, ou de cœur, ou de bouche tout bas.

O tres-aymable & tres adorable IESVS, prosterné à vos pieds dans le plus profond de mon neant, en l'ostenduë immense de vostre

Esprit,

Esprit, en la grandeur infinie de vôtre Amour, & en toutes les vertus & puissances de vostre Diuinité & de vostre Humanité, ie vous adore, & vous glorifie ; ie vous benis & vous ayme, dans tout ce que vous estes en vous mesmes & en toutes choses ; ie vous rends graces infinies du soin & de la vigilance que vous auez eu sur moy durant cette nuit, ie vous offre toutes les benedictions qui vous ont esté renduës durant ceste méme nuit au Ciel & en la terre, O bon IESVS ie m'offre & me consacre à vous entierement absolument & pour iamais ; ie vous offre mon corps, mon ame, mon esprit, mon cœur, & ma vie ; toutes les parties de mon corps, toutes les puissances de mon ame, toutes mes pensées, paroles, actions, toutes mes respirations, tous les battements de mon cœur & de mes veines, tous mes pas, tous mes regards, tout l'vsage de mes sens intérieurs, & exterieurs, & generalement tout ce qui a esté, est, & sera en moy, desirant que toutes ces choses soient consacrées à vôtre sainte gloire, & que ce soient autant d'actes de loüanges, d'adoration, de contrition, d'humiliation, & de pur amour vers vous ; faites s'il vous plaît, O mon Seigneur IESVS, par vostre tres-grande Puissance & misericorde que cela soit ainsi, afin que tout ce qui est en moy vous rende vn honneur & vn hommage continuel.

Ie vous offre aussi, ô tres-aymable IESVS tout l'amour & la gloire qui vous sera renduë aujourd'huy & à toute eternité, au Ciel & en

## De l'exercice du matin. 191

la terre; ie me joints à toutes les loüanges qui vous ont estés sont & seront données à jamais par vostre Pere Eternel, par vous-méme, par vostre saint Esprit, par vostre sacrée Mere, par tous vos Anges, par tous vos Saints, & par toutes vos creatures, ie supplie tous les Anges, tous les Saints, vôtre sacrée Mere, vostre saint Esprit, vous-méme, & vostre Pere Eternel de vous benir & aymer pour moy durant cette journée, & à toute Eternité.

I'accepte dez maintenant pour l'amour de vous, O mon Seigneur Iesvs, tous les ennuis, contrarietez, & afflictions, soit de corps ou d'esprit qui m'arriueront aujourd'huy, & en toute ma vie, m'offrant à vous pour souffrir tout ce qu'il vous plaira pour vostre pure gloire, & contentement; comme aussi ie proteste que ie renonce, à toutes les suggestions, & tentations de l'esprit malin, & que ie desavoüe & deteste, tous les mouuements, sentiments, & effects de l'orgueil, de l'amour propre, & de toutes les autres passions & inclinations mauuaises qui sont en moy; & ie vous supplie, O mon Sauueur, d'imprimer dans mon cœur vne haine, vne horreur, & vne crainte du peché plus grande que de tous les maux du monde, de me donner la grace que ie ne vous offence point volontairement, & que ie vous serue aujourd'huy, & tout le reste de ma vie, auec fidelité & amour; que ie me comporte au regard de mon prochain auec toute sorte de charité, de douceur, de patience, d'obeïssance, & d'humilité.

O Mere de Iesvs, Reyne du Ciel & de la terre, ie vous saluë, & vous honnore comme ma Souueraine Dame, à laquelle i'ay appartenance, & de laquelle i'ay dépendance apres Dieu, ie vous rends, & à vous glorieux saint Ioseph, tout l'honneur & l'hommage que ie puis & que ie dois selon Dieu, & selon vos grandeurs, ie me donne toute à vous, donnez-moy, s'il vous plait, à vôtre Fils, & faites en sorte par vos Prieres que tout ce qui est en moy soit consacré à sa gloire, & à la vostre, & que ie meure plûtost que de perdre sa grace.

O mon saint Ange ie m'offre à vous, offrez-moy à Iesvs, à sa tres-sainte Mere, & au glorieux saint Ioseph, & les priez qu'ils me donnent la grace de les honnorer, & aymer en toute la perfection qu'ils demandent de moy.

O Saints Anges, ô Bien-heureux Saints, & Saintes Penitentes, nôtre Mere sainte Magdeleine, ie m'offre à vous, offrez-moy à Iesvs, priez-le, s'il vous plait, qu'il me donne sa sainte benediction, afin que i'employe fidellement cette journée à son seruice, & que ie ne l'offence point.

Mon Dieu faites-moy la grace d'être du petit nombre de vos Eleus, de cooperer à vos saintes graces, & de viure & mourir en vostre saint Amour. Au Nom du Pere & du Fils, & du saint Esprit.

Toutes répondront tout haut, Amen. En suitte elles diront le *Veni creator Spiritus*, puis on lira le sujet de l'Oraison.

4. Pour

*De l'exercice du matin.*

4. Pour l'Oraison elles suiuront la methode qu'on leur enseignera qui doit estre conforme à celle que saint François de Sales a marquée en ses Oeuures, & principalement en son beau Livre de l'Introduction à la vie deuote, les Sœurs se rendront tres-affectionnées à ce saint exercice, & soigneuses d'y bien employer le temps qui leur sera donné, comme estant vne action des plus importantes de la vie spirituelle, & le tres-grand-moyen de nous auancer en la voye de Dieu, puisque par l'Oraison nous éleuons nôtre esprit en Dieu, & nous attirons ses graces en nous, sans lesquelles nous ne pouuons rien faire pour le salut, c'est pourquoy Dauid disoit, Beny soit le Seigneur qui n'a pas éloigné mon Oraison & sa misericorde de moy; & les Sœurs doiuent entrer dans les sentiments de reconnoissance de ce saint Prophete, enuers la diuine Bonté qui leur est si fauorable, que de leur donner le temps de s'appliquer à vne si sainte occupation apres l'auoir tant offencé.

## CHAPITRE III.

### *De la direction de l'intention.*

PArce que l'auancement de nos ames en la perfection, ne consiste pas tant en la multiplicité de nos bonnes actions, comme en l'application & pureté d'intention auec laquelle

quelle nous les faisons, les sœurs qui seront desireuses de plaire à Dieu, & de faire progrez en la vertu, se rendront attentiues au commencement de chaque exercice, & de leurs actions interieures & exterieures de l'offrir à sa diuine bonté, & luy demander sa grace, afin que tout soit fait pour sa gloire, & selon son bon plaisir, se preparant par ce moyen à supporter toute la peine, & mortification qui s'y rencontrera, sur tout, qu'elles soient soigneuses de faire cette pratique lors qu'il s'agira de receuoir quelques corrections, & humiliations, les regardans comme ordonnées de Dieu pour leur perfection, considerant encores qu'ayant merité l'enfer pour leurs pechés, ces choses sont bien douces à l'égard de leurs offences, & reconnoîtront combien elles sont obligées à sa diuine misericorde, de vouloir accepter des peines si legeres, non seulement pour satisfaction de leurs pechés, mais aussi pour accroissement de leurs merites, ce qui arriuera ainsi à celles qui receuront telles humiliations ou peines auec vn esprit de sincere humilité; & encor plus si elles les vnissent à celles que nôtre Seigneur Iesus-Christ a souffertes pour l'amour de nous.

Or cette direction d'intention se doit étendre à toutes leurs autres actions, mesmes indifferentes, comme de boire, manger, se reposer, se recréer, & semblables, en sorte que selon l'enseignement de saint Paul, tout ce qu'elles feront soit fait au Nom de Iesv, c'est à dire, pour sa gloire, & dans le dessein de luy plaire : ce que pour faire auec plus de perfection, & mesme auec plus de facilité, il sera bon, qu'elles se rendent familiere la pratique, d'vnir toutes leurs actions à celles de ce diuin Sauueur, puis qu'il s'est fait homme par l'incarnation, & a voulu agir, & s'assujettir à toutes nos miseres afin de sanctifier nôtre nature, nos actions, & nos souffrances en sa diuine personne. Doncques, par exemple, quand les Sœurs iront au trauail corporel ou labeur des mains, qu'elles regardent que le diuin IESVS a trauaillé, & a voulu gaigner son pain à la sueur de son visage, & vnissant leur action à la sienne diuine, elles luy diront amoureusement de cœur ou de bouche, O mon IESVS, en l'vnion des diuines dispositions, & intentions, auec lesquelles vous auez trauaillé ie vous offre ce trauail. Quand elles iront prendre leur refection, ou à la recreation, ou se coucher, considerant comme ce diuin Maistre s'est voulu assujettir à toutes ces choses, qu'elles luy disent d'vn cœur fort reconnoissant de son amour; O mon IESVS en l'vnion des diuines intentions & dispositions auec lesquelles vous auez voulu vous assujettir à la necessité du boire & du manger, ou du dormir, ou de la conuersation, prenant vos delices d'estre auec les enfans des hommes, ie vous offre mon action. Pratiquant vn acte d'obeissance, de charité, d'humilité, de douceur, de penitence, mortification, & des autres vertus, iettant vn regard sur celles de nôtre Seigneur, qu'elles dirigét leur intention de la pratiquer à son imitation, élançant amoureusement leurs cœurs vers luy, par ces paroles, ou semblables, O mon IESVS, que la diuine pratique que vous auez exercée d'vne telle vertu sanctifie la mienne, & corrige tout ce qu'il y a d'imparfait en mon action.

S'il leur arriue d'auoir commencé, ou mesme acheué leur action, ou pratique de vertu, sans auoir dirigé leur intention, elles pourrõt reparer ce deffaut en l'offrant à Dieu, lors qu'elles s'apperceuront d'y auoir manqué. Car bien que l'offrande qu'elles luy font le matin de tout l'vsage de leur estre, suffise pour luy consacrer tout ce qu'elles feront ou souffriront durant la iournée, pourueu qu'elles conseruent la volonté de luy plaire, neantmoins le soin qu'elles auront de redresser leur intention, en chaque action, exercice, ou souffrance, les rendra plus agreables à Dieu plus satisfactoires pour leurs offences, & les fera auancer auec bien plus de progrez en la perfection.

Les Sœurs pourront aussi offrir leurs actions ou souffrances en l'honneur de la tres-sainte Vierge; l'imitation de laquelle leur doit estre en singuliere recommandation. C'est pourquoy elles considereront souuent ses exemples, & comme elle s'est comportée, ou se comporteroit si elle auoit à faire ou souffrir telle chose; & offriront à nôtre Seigneur les dispositions & intentions de sa sainte Mere en ses actions & souffrances, afin que sa pureté, & saincteté supplée pour elles, & corrige les imperfections de leurs œuures.

*De la sainte Messe.* 197
ou bien la supplieront de les offrir pour elles.

Elles en pourront vser de méme enuers leurs bons Anges, leur Patronne sainte Magdeleine, saint Augustin, & autres Saints & Saintes de leur deuotion. Et l'experience leur fera connoître combien cette pratique leur sera vtile.

## Chapitre IV.

### Comme les Sœurs doiuent entendre la sainte Messe.

1. LA sainte Messe estant l'abbregé de toutes les merueilles de Dieu, le lien de nôtre reconciliation auec sa Bonté, & le moyen de nous rendre fauorables sa misericorde & sa justice, & de nous acquiter enuers luy de nos deuoirs de reconnoissance, pour tous les biens que nous receuons de sa liberalité, les Sœurs doiuent assister à ce tres-saint Sacrifice, auec grand respect & deuotion, comme elles auroient dû faire si elles auoient estez sur le Mont de Caluaire, lors que Iesvs-Christ fut crucifié, & qu'elles l'eussent connu; & comme y assisterent la tres-sainte Vierge, leur Patronne sainte Magdeleine, & les autres saintes personnes qui s'y trouuerent, puis que c'est le méme Sacrifice qui est representé sur nos Autels.

I 5      2. Pour

2. Pour cét effet, lors que le Prestre se prepare, apres auoir fait le signe de la Croix, elles rappelleront toutes les puissances de leur ame pour adorer Iesvs-Christ qui vient se rendre present d'vne façon admirable, s'excitant par ces belles paroles de l'Eglise, le Seigneur est proche, venés, & l'adorons.

3. Quand le Prestre dira le *Confiteor*, elles s'humilieront interieurement ; feront vn acte de Contrition de leurs pechés, & les detesteront ; considerant que c'est pour ces mesmes pechés que Iesvs-Christ a esté attaché à la Croix ; & disant tout bas le *Confiteor* auec le clerc elles s'inclineront profondement ; demeurant ainsi jusqu'à la fin de l'absolution, qu'elles baiseront la terre.

4. Puis elles pourront dire telles Prieres que bon leur semblera, ou considerer les vertus que Iesvs-Christ a pratiquées sur la Croix, comme son humilité, sa douceur, sa patience, son Amour, le regardant attentiuement pour receuoir les rayons de sa diuine lumiere en leurs ames, & s'exciter à son imitation.

5. A l'Euangile elles se leueront tranquillement, mais promptement pour témoigner qu'elles sont disposées d'obeir aux paroles de l'Euangile, & faisant auec le poulce, le signe de la Croix sur le front, sur la bouche, & sur la poictrine, elles diront, Dieu soit en mon esprit, en ma bouche, & en mon cœur, afin que j'obeïsse à sa sainte parole ; s'inclinant au *Gloria tibi Domine*. Elles écouteront l'Euangile auec le même respect que si elles l'entendoient de la propre bouche de Iesvs-Christ,

CHRIST ; luy offrant leur vie & toutes leurs actions pour l'obseruation de ses diuins preceptes, & luy demandant la grace de n'y iamais contreuenir, à la fin elles feront l'enclin, se remettant à genoux.

6. Si l'on dit le *Credo*, elles diront le commun ou le grand, & à ces mots, *Et homo factus est*, elles baiseront la terre. Remercieront Dieu de la grace qu'elles ont d'être filles de la sainte Eglise, considerant combien elles sont obligées à sa douce misericorde, qui les a preferées à tant d'autres qu'il a laissées dans les tenebres de l'ignorance, ou de l'erreur, & par consequent dans le danger de se perdre eternellement : Protesteront de vouloir viure & mourir en l'obeïssance & en la Foy de la sainte Eglise, suppliant la diuine Majesté d'y ramener les ames qui s'en sont deuoyées, de donner sa connoissance aux infidelles, & de maintenir les justes au bon chemin.

7. Quand le Prestre dira *Orate fratres*, elles pourront dire en françois mentalement ou vocalement tout bas, ce que le clerc répond en Latin, le Seigneur reçoiue de vos mains ce saint Sacrifice, à la loüange & gloire de son Nom, à nostre vtilité, & de toute sa sainte Eglise.

8. Et lors qu'il commencera la Preface, inuitant le peuple de leuer leurs cœurs en haut par l'attention des grandes choses qui se vont operer, les Sœurs par vn amour intime de leurs ames, pour correspondre à celuy de Iesus-Christ pourront luy parler en ceste sorte, Mon Dieu vous ne vous estes pas contenté de

I 4       vouloir

vouloir mourir honteusement pour l'amour de moy sur vne Croix, mais vous voulez par vn secret de la tres-adorable Trinité vous aneantir pour être offert à vôtre Pére en sacrifice sur nos Autels; pour sa gloire & la satisfaction de nos pechés. Et s'vnissant à Iesus-Christ pour l'offrir à son Pere, elles diront; ie vous offre, O Pére Eternel, voftre Fils tres aymé, Mon vnique Sauueur & Seigneur, afin que par ses merites, il vous plaise d'avoir agreable l'offre des puissances de mon ame, que ie vous offre en eternel sacrifice, pour passer par le glaiue tranchant de voftre sainte volonté, à la mienne volonté que tous les vœux de mon cœur fussent en voftre presence comme vn parfum d'odeur souëfve, mais helas! ma terre maudite ne vous enuoye que les vapeurs infectes de ma corruption; au moins si ie n'ay que vous donner, ie me complais, que sans cesse les millions de tres purs esprits Angeliques, remplissent le Ciel du parfum de leur amour, & que les plus hauts Seraphins prosternés deuant le Trône de vôtre diuine Majesté adorent voftre saint nom, disant, *Sanctus, Sanctus, Sanctus, Dominus Deus Sabbaoth.* O Seigneur qui venez de la part du Pere, soit benite voftre heureuse ambassade, qui venez des lieux tres hauts pour nous sauuer. Bien que le Ciel & la terre ne soient pas capables de loger, n'y receuoir voftre grandeur, ie vous offre neantmoins, ce mien cœur si étroit en amour, & si mal meublé de vertu; pour vous y receuoir hôte perpetuel. ( puis par vne saillie d'amour. ) he! venés

venés ; mon amour, venés, que les cieux s'ouurent, & comparoissés hatiuement sur l'Autel, pour de là passer en mon ame, qui languit tout apres vous.

9. A l'Eleuation de la tres sainte Hostie, & du saint Calice elles s'inclineront profondement pour l'adorer, & pour s'offrir à Dieu pour sa plus grande gloire, pour l'augmentation de la felicité de tous les saints, le soulagement des ames du Purgatoire, l'Exaltation de la tres sainte Eglise, la conuersion des infideles & pecheurs, & par leurs besoins particuliers, s'offrant elles-mesmes à Dieu en l'vnion de ce grand sacrifice; ou bien elles diront à l'eleuation de la tres sainte Hostie, je vous adore, ô corps sacré de mon Sauueur, eleué en croix par mes pechés; & à l'eleuation du Calice, ô vin precieux, qui germés les Vierges, ie vous adore, purifiés mon corps, & mon ame ; à la fin de la seconde Eleuation elles baiseront la terre.

10. Ensuitte elles diront les bras en croix trois *Pater* & trois *Aue*, ou telle autre priere qu'elles gouteront le plus, pour obtenir de Dieu par les merites du sang de Iesus-Christ & de ses souffrances sur la croix la grace finale, & la deliurance des mauuaises habitudes passées; demeurant ainsi iusques au *Nobis quoque peccatoribus*, que toutes baiseront les bras ; & de la main droite se frapperont la poitrine, disant auec le Publicain, Seigneur, soyez propice à moy pauure pecheresse.

11. Quant le Prestre eleuera la sainte Hostie,

& le Calice ensemble, elles s'inclineront pour l'adorer, si elles s'en apperçoivent.

12. Elles diront le *Pater* mentalement ou vocalement, auec la mesme deuotion que si elles l'entendoient dire à Nostre-Seigneur, puis elles feront des demandes selon leurs besoins, ce saint Sacrifice estant le moyen le plus puissant pour obtenir ce que nous demandons; ainsi que l'enseigna la tres sainte Vierge à sainte Meltilde à laquelle elle dit que l'on obtiendroit de son tres aymé fils tout ce que l'on voudroit en luy demandant par les trois choses suiuantes; la premiere, en l'vnion de ce grand sacrifice, par les prieres de la tres sacrée Vierge, & par le merite de sa tres profonde humilité par laquelle elle a esté exalté par dessus tous les chœurs des Anges. La seconde, en l'vnion de ce grand sacrifice, par les prieres de la sacrée Vierge, & par le merite de sa tres innocente pureté par laquelle elle a esté conceuë sans peché, & enfanta Iesus-Christ sans perdre sa virginité. La troisiéme, en l'vnion de ce grand sacrifice, par les prieres de la sacrée Vierge, & par le merite de sa tres ardente charité par laquelle elle a esté vnie inseparablement à Dieu. L'on vse de la demande selon ses necessités par exemple, à la premiere l'on peut demander, l'humilité, la resignation, le pardon de ses fautes: à la deuxiéme, la pureté de cœur & d'intention, la force pour resister aux tentations l'obseruance des Reigles, à la troisiéme, l'amour de Dieu, & du prochain, la fidelité à la grace, & semblables.

13. Aux

### De la sainte Messe.

13. Aux trois *Agnus Dei*, elles s'inclineront & frapperont leurs poitrines, & considerant que le Sauueur est venu pour oster le peché du monde, elles le supplieront de les deliurer de tels & tels defauts, par exemple, O mon IESVS, qui venés pour oster le peché du monde, ostés de moy ce peché d'orgueil, ceste impatience, cette estime de moy mesme, cette immortification, craignant que ie ne viene à mourir en vostre disgrace, & que vous ne me fussiez plus agneau, mais Lion rugissant, ô parolles terribles, & menaces cruelles! ayéz pitié de moy, mon Dieu, faites que ie sois en grace auec vous, & en paix auec mes prochains, arriere de moy tout ce qui tant soit peu pourroit me détourner de vous.

14. Puis les iours qu'elles ne communieront pas reellement, elles le feront spirituellement souhaitant de receuoir Nostre-Seigneur dans leurs ames, & s'vnissant par vn ardent desir à cette chair viuifiante du Sauueur. Elles diront deuotement les trois *Domine non sum dignus*, auec le Prestre, en s'inclinant & frapant leur poitrine; & pourront se seruir de cét elancement. O mon-Seigneur, si ie suis ce-jourd'huy trouuée indigne de vous receuoir Sacramentellement, ie vous ouure mon cœur pour vous receuoir spirituellement. Venez mon amour, venez, entrés en mon ame, & la sanctifiez; venez en mon cœur, & le purifiez, venez en moy, & me gardez à iamais d'estre separée de vous. Elles regarderont ce Seigneur dans elles, & inuiteront

I 6

les puissances de leur ame pour le venir adorer en esprit & en verité.

15. Apres la communion spirituelle elles s'occuperont le reste du temps de la sainte Messe pour s'offrir & prier selon les intentions de la sainte Eglise & les besoins de tout le monde. Disant, par exemple, Mon Dieu, ie vous offre ce grand sacrifice pour la plus grande gloire de vostre nom, pour la sacrée Vierge Marie, pour toute la cour celeste en general, & pour chaque Bien-heureux en particulier, pour la deliurance de toute l'Eglise souffrante en general, & pour chaque ame en particulier, principalement pour telles & telles. Pour l'extirpation des heresies, l'exaltation de la sainte Foy, la paix & vnion entre les Princes Chrestiens, pour nostre saint Pere le Pape, pour toute l'Eglise, & pour tous ceux qui ont esté, dés le commencement du monde, qui sont, & qui seront iusques à la consommation d'iceluy, specialement pour nos Superieurs, & Bienfacteurs. Ie vous offre, Mon Dieu, ce grand sacrifice pour action de graces de tous les benefices que i'ay receus de vostre bonté, & vous aués fait à tout le monde. Ie vous l'offre pour la satisfaction de tous mes pechéz, & de ceux de tout le monde. Ie vous offre, Mon Dieu, tout ce qu'il y a d'humain & d'imparfait en moy pour estre percé de vos cloux, & crucifié auec vous, pour reuiure en la nouueauté de vôtre vie eternelle.

16. A la benediction du Prestre elles feront le signe de la croix s'inclinant pour la rece-
noir

*De la sainte Messe.* 205

uoir, se representant que Iesus-Christ mesme la leur donne pour gages & arres de son amour.

17. Elles se leueront à l'Euangile, & si l'on y dit ces mots, *Verbum caro factum est*, elles baiseront la terre pour honorer l'humiliation du Fils de Dieu, qui s'est reuestu de nostre nature & a voulu marcher & conuerser parmy nous.

18. A la fin de la Messe (si elles en ont le temps,) elles remercieront Iesus-Christ de la part qu'il leur a donnée à ce saint sacrifice, & le supplieront qu'il imprime en elles & en leurs prochains l'Esprit de sa mort qui y a esté representée.

19. Quand les Sœurs s'apperceuront que le Prestre fait la genuflexion à l'Euangile, elles la feront aussi, comme à l'Euangile de l'adoration des Roys, & de l'aueugle né.

Elles s'humilieront aussi quand elles seront à genoux, lorsque le Prestre fera la genuflexion en disant quelques versets, comme, *Veni Sancte Spiritus, adiuua nos Deus salutaris noster*.

20. L'assistance de la sainte Messe estant vne action des plus importantes de la Religion Chrestienne, les Meres auront grand soin de faire en sorte que les Sœurs y assistent auec la reuerence & attention deuë à vn si grand Mystere; & pour cela elles pourront leur donner d'autres exercices que celuy qui est marqué pour s'occuper pendant icelle, selon qu'elles verront estre pour le mieux.

CHAP.

## Chapitre V.

### De l'Office divin.

1. Les Sœurs se souuiendront de ce qui leur est marqué dans les Constitutions, de la reconnoissance qu'elles doiuent auoir enuers Dieu, de leur permettre d'estre appliquées à vn exercice si saint, comme est celuy de chanter ses loüanges, ce qui leur doit rendre ce temps tres desiderable & precieux.

2. Si tost que la cloche pour aller au chœur sonnera, se representant ce qui leur est ordonné, que le son de la cloche est comme la voix de sainte Marthe qui dit à chacune ce que cette Sainte disoit à sa Sœur, le Maitre est au chœur, & vous appelle; elles imiteront la promptitude de cette grande sainte leur Patronne, & quittant tout, elles iront en diligence, mais auec grauité & modestie, vers celuy qui leur fait tant de misericorde que de vouloir bien receuoir ses loüanges de leur bouche. Et rappelleront toute leur ame pour se mettre en sa sainte presence, puis qu'il habite d'vne façon tres particuliere en l'Eglise, & dans le chœur où elles vont.

3. Pour s'exciter au respect & au recueillement qu'il faut auoir pour ce diuin exercice, elles s'interrogeront elles mesmes, à l'imitation de saint Bernard, de ce qu'elles vont faire au chœur;

chœur, & pourront faire cette pratique non seulement en cette action, mais en toutes les autres afin de se comporter en chacune comme elles doiuent.

4. Elles s'assembleront au lieu d'estiné proche du chœur, pour y entrer au dernier coup de l'Office deux à deux en ceremonie, & auec reuerence; & cependant elles se tiendront à genoux ou debout selon qu'on leur ordonnera en silence, se preparant aux loüanges de Dieu; elles pourront se seruir de cette oraison. Mon Seigneur, & mon Dieu, ie sçay bien qu'il n'appartient pas à vne pecheresse comme moy de chanter vos loüanges, mais puis que vous voulez bien par vostre grande misericorde, m'admettre à cet exercice Angelique, ie desire l'accomplir de toutes les forces de mon ame, en vnion de l'attention parfaite, & de la profonde reuerence auec laquelle vous a prié & loüé nostre Seigneur Iesus-Christ en terre; Remplissez, ie vous prie, mon cœur de deuotion & de ferueur, & me donnés la grace de conseruer vne grande attention, & recueillement d'esprit. Ie desauoüe dés maintenant toutes les distractions qui me pourroient arriuer, protestant de n'y vouloir donner aucun consentement. Sainte Vierge, mes Saints Protecteurs, tous les Anges, demandés cette grace pour moy.

5. Estans entrées au chœur elles feront l'adoration du tres saint Sacrement, dans cette pensée que Iesus-Christ estant au saint Sacrement le mesme qui fait la felicité des Bienheureux

heureux dans le Ciel, elles doiuent se tenir en sa diuine presence, auec le mesme respect que les Saints se tiennent deuant le Trône de Dieu, c'est pourquoy elles feront cét acte d'adoration dans de tres profonds sentimens d'abaissement, se souuenants que les Anges assistent deuant luy troupe à troupe en grandissime reuerence, pour honorer son infinie Majesté.

6. Estans à leur place elle diront en leurs particulier les oraisons suiuantes pour la preparation de l'Office; ou bien elles suiuront celle qu les recitera tout haut, si la Mere Superieure l'ordonne.

*Aperi Domine os meum, ad benedicendum nomen sanctum tuum, munda quoque cor meum, ab omnibus vanis, peruersis, & alienis cogitationibus, intellectum illumina, affectum inflamma, vt dignè & attentè ac deuotè hoc officium recitare valeam, & exaudiri merear ante conspectum diuinæ Maiestatis tuæ. Per Christum Dominum nostrum. Amen.*

*Domine Iesv, in vnione illius diuinæ intentionis qua ipse in terris laudes Deo persoluisti, has tibi horas persoluo.*

### Les mesmes en François.

Seigneur ouurez ma bouche pour benir vostre saint nom; purifiez mon cœur de toutes les pensées vaines, mauuaises, & impertinentes; Eclairez mon entendement, & embrasez ma volonté; afin que ie puisse reciter cét office dignement, attentiuement, & deuotement; & que ie merite d'estre d'estre exaucée en la presence de vostre diuine Majesté.

Monseigneur IESVS, en l'vnion de cette diuine intention par laquelle vous mesme estant en terre, auez donné loüange tres agreable à Dieu vostre Pere, ainsi le desire-je faire en recitant ces heures.

Lesdites oraisons pourront estre recitées en Latin ou en François selon que la Mere Superieure trouuera bon.

8. Disant le *Deus in adiutorium*, elles penseront au besoin continuel, qu'elles ont du secours de Dieu, & que l'ayant inuoqué il leur répond, me voicy prés de vous soyez attentiues à moy. Et pour se maintenir dans le respect dû à sa diuine Majesté, elles considereront qu'elles commencent à faire icy bas le mesme office qu'elles esperent faire vn iour dans le Ciel auec les Bien-heureux, qui n'ont autre occupation durant l'Eternité que d'aimer Dieu & chanter ses loüanges; & combien elles sont obligées à sa douce misericorde de leur faire employer le téps de cette miserable vie à vne si sainte occupation, elles verront des yeux de l'esprit les plus hauts Seraphins, prosternés deuant cette supreme Majesté, & s'exciteront à leur exemple à vne grande reuerence interieure, & exterieure.

9. Si elles ont quelque intelligence de ce qu'elles disent à l'Office, elles s'en seruiront comme du moyen que Dieu leur donne pour se tenir plus recueillies, en conceuant des saintes affections de ces diuines paroles, mais

la

la principale attention ; que les Sœurs doiuent auoir à l'Office, c'êt de bien prononcer & d'obseruer tout ce qui leur est marqué pour les ceremonies.

10. Encore qu'elles se doiuent rendre attentiues d'ajuster leurs voix les vnes aux autres ; il faut pourtant qu'elles employent leurs forces auec allegresse pour chanter les loüanges de Dieu, si neantmoins l'on ordonnoit à quelqu'vne de ne pas poußer sa voix, elle se sommettra auec humilité, estant asseurée qu'elle ne loüera pas moins Dieu, en se taisant par obeïssance, que les autres le font en chantant ; mais toutes prendront bien garde de ne point chanter ou se taire par caprice, ou mauuaise humeur, se souuenant que le lieu où elles sont, est saint, & qu'elles doiuent se tenir auec respect en sa presence à l'imitation des Anges qui le loüent sans cesse dans le Ciel. C'êt le mesme Seigneur qui nous attend sur les Autels, & qui veut estre loüé de nous çà bas en terre. Il sera bon que souuent elles se resouuiennent durant l'office de la mort & Passion de nostre-Seigneur, offrant l'office en son honneur, ou de quelques Mysteres de sa tres sainte vie, ou de celle de sa sacrée Mere, ou bien s'entretiendront dans des actes de contrition, ou telles autres pensées que le saint Esprit leur suggerera, & pourront faire quelques aspirations en suite de ces pensées ; durant que l'autre chœur dira le verset, de crainte que leur esprit estant sans occupation, Il ne se diuertisse à chose inutile.

10. Si

## De l'Office divin.

10. Si elles se trouvent assoupies durãt l'office, apres avoir taché de s'éveiller si l'assoupissement continue, elles iront au milieu du chœur faire trois genuflexions, ou bien se prosterneront en terre, ou tiendront les bras en croix, pendant six ou sept versets de l'office, faisant toûjours l'enclin à la Mere Superieure, ou à celle qui tient sa place, auant qu'aller au milieu du chœur, & quand elles en reviendront.

11. Si quelqu'vne vient que l'office soit commencé, apres qu'elle aura fait la preparation marquée, elle dira avec les autres là où l'on sera de l'Office, le poursuiuant jusques à la fin ; puis elle reprendra ce que le chœur auoit dit auparauant qu'elle y fut, finissant où elle auoit repris, sinon qu'on luy ordonnât autrement. Aucune ne pourra dire son Office bas, ny le redire sans permission.

Quand on retirera vne Sœur de l'Office, ou qu'elle fut necessitée d'en sortir avec permission, si c'est pour long-temps elle baisera la terre, auant que sortir, mais si ce n'estoit que pour fort peu, elle ne baisera pas la terre.

12. L'office fini elles diront toutes ensemble, ou apres la semaniere *Sacro Sanctæ*, &c. pour gaigner l'Indulgence ; puis en secret *Pater*, *Aue*, *Credo*. Et pourront ajouter l'Oraison suiuante.

Seigneur mon Dieu, ayez agreable l'Office que ie viens de reciter à vostre eternelle loüange. Ie vous prie de receuoir toutes les Oraisons que vous à iamais fait nostre-Seigneur,

gneur Iesus-Christ, en supplément & satisfaction des défauts que i'y ay commis, & que tout soit à vostre plus grande gloire, & pour le bien de mon ame. Amen.

13. Baisant la terre au commencement & à fin de l'Office, elles feront vn acte de contrition, disant de cœur auec le Publicain Seigneur soyez propice à moy pauure pecheresse; ou auec sainte Thaïs Penitente, Vous qui m'auez formée, ayez pitié de moy; ou ces paroles de Dauid, Regardez-moy Seigneur, & ayez pitié de moy; ou celle du pauure Lepreux, Seigneur, si vous voulez, vous me pouuez nettoyer. Et semblables que le saint Esprit leur inspirera, les variant par fois, afin de ne pas faire par coûtume cette pratique qui leur est si familiere de baiser la terre.

14. Elles feront attention que soit l'Office diuin, soit d'autres prieres vocales, elles ayent dans le chœur ce qu'elles prononceront de voix, comme la Régle leur ordonne, & que leurs prieres soient d'autant plus saintes qu'elles sont plus frequentes, pour cet effet elles se rendront fort attentiues à la presence de Dieu en priant. Elles pourront aussi auant que commencer leurs prieres vser des paroles d'Abraham; ie parleray à Monseigneur, encores que ie ne sois que poudre & cendre. Mais rien ne les excitera d'auantage à prier dans les sentiments & en la maniere qu'elles doiuent, que de penser à l'humilité, & aux autres saintes dispositions dans lesquelles

*De l'Office divin.*

quelles Iesus-Christ & sa sainte Mere ont priez estants sur la terre.

15. Sortant du chœur, elles euiteront de se dissiper, conseruant le plus qui leur sera possible, le sentiment interieur de la presence de celuy à qui elles ont eu le bonheur de parler.

# CHAPITRE VI.

## *De la Refection.*

1. LEs Sœurs allant au refectoir obserueront soigneusement ce qui leur est ordonné dans les Regles, & Constitutions, tant pour la modestie que pour l'attention à la lecture, c'est pourquoy leur intention ne doit pas estre d'y aller seulement pour manger, mais aussi pour refectionner leurs ames de la parole de Dieu, & pour s'humilier & satisfaire à Dieu par la pratique de quelques humiliations, ou penitences, si on leur en permet, ou ordonne quelqu'vne.

2. Elles y entreront les yeux baissez, leurs robbes abbatues, & les mains dans leurs manches, ou sous leurs scapulaires, feront l'enclin au Crucifix, ou image deuote, & se rangeront debout à leurs places, & attendant qu'on commence le *Benedicite*, elles s'occuperont à quelque sainte pensée, ou lecture, ou priere.

3. Elles tiendront les mains jointes durant le
*Benedicite.*

*Benedicite*, feront le signe de la croix au commencement, & à la fin, & s'inclineront au *Gloria Patri*, receuant la benediction, & deuant que se mettre à table.

4. La lectrice viendra au milieu du refectoir auec la seruente quant on dira *Et ne nos inducas*, & s'inclineront toutes deux, la lectrice dira Iube Domina benedicere, la Mere Superieure repondra, *mensa*, ou *cœnam*. Estant montée en chaire, faisant le signe de la croix, elle dira, Au nom de nostre Seigneur Iesus-Christ, ie commenceray la lecture. La Mere Superieure dira, Au nom de Dieu, & lors toutes déplieront leurs seruiettes.

5. La seruente troussera sa robe, & ses grandes manches jusques au dessus du coude, sans toutesfois decouurir ses bras nuds, mettra deuant elle vn tablier, & ira prendre sur la fenestre du seruice les ais chargez des portions, elle fera vn enclin au milieu du refectoir à la Mere Superieure, & vn autre en luy presentant sa portion, & vn aux autres Meres en leur presentant les leurs, & toutes les fois qu'elle passera deuant elles. Presentant les portions aux Sœurs, elle fera vn enclin de la teste, au commencement de chaque aix, & les Sœurs luy en feront aussi en reciproque en prenant leurs portions.

6. Chacune prendra ce qui luy sera presenté sans choix, receuant tant au refectoir qu'à l'infirmerie les viandes qui leur seront données comme vn pauure qui reçoit l'aumosne, se mettant au pied de la Croix du Sauueur de nos ames, pour tremper dans son sang precieux

*De la refection.*

precieux ce qu'elles mangeront; Elles feront vne grande attention à la lecture, & mangeront fort proprement, sans auidité, estant fort reconnoissantes enuers sa douce prouidence du soin qu'elle a de leur conseruation, & faisant vne bonne resolution de s'employer entierement à son seruice, & à l'obeissance de ses saintes volontez.

7. Il ne sera point loisible à la serueuse de leur presenter, ny donner aucune chose que ce qui luy sera remis à la fenestre du seruice; ny de rien demander de particulier pour pas vne que par l'ordre de la Mere Superieure; à laquelle elle donnera auis si quelqu'vne demandoit quelque chose de singulier, ou qu'elle se rendit delicate, ou ne mengeat pas. Elle prendra soigneusement garde que rien ne manque aux Sœurs, & fera vn tour par le refectoir apres qu'elle aura serui, pour voir si chacune à tout ce qui luy faut. Sur la fin du dîner elle mettra les potages de la seconde table. Si pour le grand nombre des Sœurs on en nomme deux pour seruir, elles seruiront chacune vn chœur, & tacheront de s'ajuster ensemble pour faire les enclins.

8. Si quelqu'vne s'appercoit qu'il manque quelque chose à celles qui sont proches d'elle, elle heurtera doucement pour faire signe à la serueuse de le luy donner, & les sœurs pourront aussi heurter pour demander ce qui leur manqueroit.

9. Enuiron le milieu du repas, la Mere Superieure baillera vn signe pour faire vne pause, & la lectrice s'arrestera; puis, le signe luy estant

estant redonné pour continuer, elle dira, Au nom de Nostre Seigneur IESVS-CHRIST, je continueray la lecture : Cete pause ne se fera point à la collation des iours de Ieûne.

10. A la fin du repas la Mere Superieure donnera le signe, la lectrice dira. *Tu autem*, toutes repondront *Deo gratias*, puis se leuant, & se tenans debout deuant leurs places, & les mains iointes repondront aux graces.

11. La lectrice viendra auec la seruesue qui abbatra ses manches & sa robe, baiseront la terre au milieu du refectoir, & s'iront mettre à table, la sœur refectoriere leur mettra proprement le pain & le vin qu'il leur faut.

12. Le dernier *Amen* des graces estant dit la semaniere entonnera le *De profundis* ou *Miserere*; les sœurs s'auançant deux à deux feront l'enclin au milieu du refectoir à la Mere Superieure; & s'en iront en disant le Psalme droit au chœur, où estant, & le Psalme acheué, elles diront le matin les Litanies de la Sainte Enfance de IESVS pour les intentions marquées aux constitutions : & le soir apres le *Miserere* l'on dira l'*Oremus*.

13. Les prieres qui se font au chœur estant finies la lectrice de la seconde table ira au refectoir faire la lecture, commençant & finissant comme à la premiere, elle tournera vn poudrier d'vn quart d'heure, & s'en-ira à la recreation si-tost qu'elle aura acheué.

14. Celles qui mangent à la seconde table ne seront point obligées de s'attendre (si l'on ne leur ordonne autrement,) mais ayant pris leur repas, & la lecture estant acheuée elles pourront

*De la Recreation.*

pourront aller à la recreation. Mais toutes obserueront toujours d'y aller en silence.

15. A la collation on dira *l'Aue Maria* pour *Benedicite*, & graces, & les Sœurs repondront *Amen* à la fin.

## Chapitre VII.

### *De la Recreation.*

1. Les Sœurs iront iusques au lieu de la recreation en silence, se preparant par des actes de crainte & d'amour, demandans la grace à nostre Seigneur de n'y rien faire qui puisse mal edifier le prochain, & qui soit contre sa saincte volonté : & celles qui sont sujettes à se picoter, contester, murmurer, ou se mocquer de leurs compagnes, feront vne bonne resolutiõ de s'abstenir de tels deffauts, moyennant la grace de Dieu, qu'elles leurs doiuent demander instamment. Qu'elles fassent vn acte d'humilité interieurement, se reconnoissant indignes de se recréer auec leurs sœurs, lesquelles elles doiuent aymer, honorer, & respecter, les regardant comme le temple de Dieu.

2. Elles feront vn enclin entrant au lieu de la recreation, disant pour premiere parole, nostre Seigneur Iesus-Christ soit loüé; puis elles se rangeront promptemét prenant leurs ouura-

K ger,

ges, & se rendront fort attentiues de bien obseruer tout ce qui leur est marqué dans leurs constitutions pour cette action, & de bien diriger leur intention de la faire pour obeir, & ne pas rechercher ce diuertissement seulement pour leur satisfaction, mais afin qu'ayant pris ce relasche par obeïssance, leur esprit soit plus disposé pour s'occuper de Dieu.

3. Qu'elles portent vn visage gay & content, vne façon affable & pleine de cordialité pour s'encourager à mieux seruir Dieu, qu'elles s'affectionnent de s'entretenir de choses bonnes, comme il leur est marqué dans leurs constitutions, estant veritable que ce sont ces entretiens qui doiuent le plus animer leurs cœurs à la sainte ioye, que tout autre discours qui n'est qu'inutile au prix d'iceux. Elles pourront chanter des Cantiques spirituels.

4. Celle qui se resouuiendra de la diuine presence, les veilles des communions le soir, apres auoir dit, mes sœurs souuenons nous, que Dieu nous regarde, elle pourra aioûter, & que Iesus Christ entrera demain dans nos cœurs ou dans vos cœurs, si elle n'estoit pas de celles qui doiuent communier & lors celles qui deuront estre honorées d'vne si grande faueur, pourront faire quelques deuotes aspirations, comme celles-cy: Mon Dieu, quelle grace, que vous voulez entrer chez moy apres vous auoir tant offencé, ou par maniere d'vn ardent desir, he! venez Mon Seigneur, mon ame a soif de vous, & ma chair vous desire. Le iour de communion à la recreation du matin, elle

aioûtera

De la Recreation. 219

aioutera, & qu'il nous a visitées dans l'excez de son amour, & lors elles luy diront auec auec desir d'vnion, Hé! Mon-Seigneur faites que ie ne sois iamais separée de vous, ou bien. O Seigneur que toute creature vous loüe, pour la misericorde sur-abondante que vous m'a-uez faite: ou par vn tressaillement de cœur, auec leur glorieux Pere Saint Augustin, O le beau que ie desire, où vous-estes vous caché! mais toûjours quand on ressouuiendra de Dieu, elles se tairont incontinent, & feront quelque deuote aspiration, comme celle qui leur est marquée dans les constitutions, Mon Dieu, ie vous consacre mon cœur & mon amour pour estre à vous à iamais, ou bien, faites moy la grace, que ie ne fasse rien qui vous deplaise: ou, Mon Dieu ie vous deman-de misericorde pour tous mes defauts, puis elles continueront de se recréer.

5. Quand on sonnera l'obeïssance elles pen-seront à ce qu'il faut pour leurs ouurages, & le diront à celles qui en ont le soin; que si elles auoient besoin de quelques choses des Officieres, elles iront en demāder la permissiō à la Mere Superieure à genoux, ou à celle qui tiēt sa place, & puis le dirōt aux Officieres: mais pour les Officieres qui ont dependāce, ou rap-port de leurs offices lé vnes aux autres, cōme la Cuisiniere, ou Infirmiere, enuers la Cellerie-re & semblables, il ne sera pas besoin qu'elles aillent demander cette permission à la Mere Superieure, sinon pour les choses extraordi-naires, ains elles suiuront en cela l'ordre gene-ral que ladite Mere Superieure leur aura dōné.

K 2 CHAPI

## CHAPITRE VIII.

### Du silence.

1. Qvand on sonnera le silence, apres la recreation du diner, ou qu'on donnera le signe le soir pour l'obeïssance, les sœurs se mettront à genoux, & diront le matin l'*Aue maris Stella*, puis elles receuront l'obeïssance à genoux, disant en elles mesmes, me voicy Seigneur, disposée d'accomplir vostre sainte volonté, & receuront tout ce qui leur sera ordonné par la Mere Superieure, ou de sa part, comme venant de la bouche de Dieu puis qu'elle leur tient sa place sans s'excuser ni repliquer, mais si on leur ordonnoit quelque chose qu'elles ne pussent pas faire, apres que la Mere Superieure aura congedié les sœurs, elles pourront se mettre à genoux deuant elle, pour la supplier en toute humilité de les vouloir dispenser de telle obeïssance; elles escouteront auec respect ce que la Mere Superieure leur dira, que si elle persiste à vouloir qu'elles fassent la chose, elles s'y sousmettront & tacheront d'accomplir l'obeïssance, esperant que nostre Seigneur leur en donnera la grace puis qu'il ne denie jamais son secours aux vrays obeïssans.

2. Si tost que l'obeïssance sera donnée, elles se retireront promptement le soir au chœur pour l'examen, & l'apres diner chacune dans leur

*Du silence* 221

leur ordre, ou au lieu qu'on leur aura ordonné en entrant elles se mettront en la presence de Dieu, inuoquant la grace du saint Esprit, demandât l'intercession de la tres-sainte Vierge, & l'assistance de leur bon Ange, les Officieres pour faire ce qui est de leur charge auec douceur & humilité, & toutes pour obtenir la grace d'obseruer le silence selon la fin pour laquelle il a esté sainctement establi, se ressouuenant de ce qui en est marqué dans les constitutions pour s'y affectionner. Elles obserueront tout ce que dessus, & ce qui sera marqué dans ce Chapitre, non seulement pour les deux silences qui suiuent les recreations, mais aussi pour les deux autres silences du iour.

3. Les Sœurs qui seront ensemble dans chaque ordre apres s'estre rangées, reciteront en trauaillant, les prieres ordonnées, & celles qui auront des charges, pourront commencer les premieres afin d'aller ensuitte satisfaire aux deuoirs de leurs offices, & le reste du temps elles occuperont leur esprit en quelques saintes pensées, ce qui est la principale intention, pour laquelle le silence a esté institué. Et le saint Esprit ayant dit, que la force de l'ame se trouue au silence, il faut que les Sœurs cherchent dans l'entretien interieur auec Dieu, cette force qui se perd non seulement par la multitude des paroles, mais aussi dans la dissipation des pensées; c'est pourquoy elles feront leurs petits efforts pour se tenir recueillies aupres de nostre Seigneur en faisât leur trauail. Pour s'y exciter elles se souuien-

K 3     dront

dront auec quelle confolation Sainte Magdeleine leur chere Mere s'entretenoit auec fon diuin époux, ayant paffé trente ans de fa vie, dans vne abfoluë retraite de toutes conuerfations humaines, pour eftre toute appliquée vers ce diuin objet de fon cœur.

4. Elles pourront penfer à l'amour eternel que la diuine bonté leur porte, efcoutant ce qu'il dira à leur ames, fe reffouuenant que fi elles ont de la peine dans la pratique de la vertu, ou dans des rencontres des contradictions qui leur arriuent, cela fera bien-toft paffé, & la recompenfe fera eternelle.

5. Elles ferõt auffi reflexion fur les points de la meditation du matin, fe remettans en memoire les affections, & refolutions qu'elles en ont tirées, pour les pratiquer le refte du iour. Par exemple, fi elles ont medité la premiere parole que noftre Seigneur dit fur l'arbre de la Croix, laquelle aura fans doute efmeu leurs cœurs dans l'admiration de la mifericorde du bon IESVS, elles fe doiuent reprefenter de quel œil de compaffion il regardoit ceux qui le crucifioient, de quel cœur il prioit pour eux fon Pere Eternel, & fur cela elles feront ces faints Elans. Hé, Seigneur, regardez-moy des yeux pitoyables de voftre mifericorde vne autre fois. Que voftre cœur foit plein de compaffion pour moy qui vous ay tant offencé. O mon Dieu faites que ce qui vous déplait en moy foit aneanti.

6. Ainfi elles s'entretiendront aux pieds de noftre Seigneur, & luy parleront de temps en temps, par des oraifons jaculatoires telles ou femblables.

## Du silence.

O IESVS, vous estes les delices de mon cœur.

Seigneur, soyés propice à moy pauure pecheresse.

Regardez-moy, Seigneur, qui suis l'ouurage de vos mains.

O bon IESVS, j'espere en vous, & me confie en vostre misericorde.

Mon cher IESVS, prenez & possedez mon cœur.

Hé Seigneur, ne méprisez mon ame pecheresse, pour laquelle vous estes mort.

O IESVS ! soyez-moy IESVS.

Ne vueillez entrer en jugement auec moy vostre esclaue, qui vous a tant offensé.

Non jamais, O mon bon IESVS, ie ne me defieray de vostre misericorde, puis que nous sommes reconciliés à Dieu vostre Pere au prix de vostre sang.

A la mienne volonté, mon Dieu, que ie ne vous eusse jamais offencé.

O Pere tres clement, combien que ie sois pecheresse, ie soûpire pour estre vostre fille.

O Seigneur, chassez de mon cœur toutes tenebres, & le remplissez de la clarté de vôtre amour.

Faites, O mon Dieu, que mon ame soit vn Temple digne d'estre habité de vous.

Hé Seigneur, donnés moy vn cœur doux & humble.

Faites, O mon Dieu, qu'à iamais j'accomplisse vostre sainte volonté.

O mon Seigneur, faites moy la grace de vous aimer parfaitement.

K 4      O

O mon Dieu! qui me donnera, que marchant, m'arrestant, trauaillant, dormant, ou mangeant, ou faisant quelqu'autre chose, vous soyez toûjours graué dans mon cœur.

## A la sainte Vierge.

Mere de misericorde, priez pour moy.

Vierge sacrée, defendez moy de l'Ennemy.

Mere tres pure, ie vous recommande mon ame.

Refuge des pecheurs, prenez moy sous vostre protection.

Mere de IESVS, obtenez-moy son amour.

Tres-sainte Mere de mon Dieu, ie vous recommende mon ame.

Vierge tres fidelle, faites-moy sentir vostre pouuoir enuers la tres sainte Trinité.

Consolatrice des affligés, fortifiez-moy par vostre secours, pour surmonter mes peines & tentations.

Ma douce Mere, presentez-moy à vostre Fils.

## Au bon Ange.

Mon saint Ange priés pour moy.

Mon cher protecteur, defendez-moy de Satan.

Bien-heureux esprit, donnez moy vne grande fidelité à suiure vos inspirations.

D'autres-fois, elles luy demanderont sa benediction, & qu'il offre à Dieu leurs actions
pour

pour elles, ou les desirs de leurs cœurs.

Elles en feront de mesme aux saints,& saintes ausquelles elles ont devotion, ou dont on a leu la vie à table, comme à saint Ioseph, Sainte Magdeleine, saint Paul, saint Augustin sainte Monique, sainte Marie Egyptienne sainte Theodore penitente, Sainte Thais.

7. Quand l'horloge sonnera, qu'elles eleuent leurs cœurs disant, Dieu soit Beni, l'Eternité s'approche. Qu'elles pensent qu'il faudra rendre conte de cette heure là, & de tous les moments de leur vie. Qu'elles regretent les heures inutilement passées : que nous courons à la mort; que les heures sont des siecles aux mal-heureux donnés; Que nostre derniere heure sonnera peut estre bien-tost, & qu'en ce temps elle voudroient auoir fait beaucoup pour Dieu. Que tout sera mort pour elles, sinon ce qu'elles auront fait pour son amour.

8. Ainsi les sœurs s'entretiendront en des saintes pensées pour s'encourager à bien viure, & doiuent esperer, comme il sera sans doute, si elles le font, que Dieu leur fera la grace de bien mourir, & les recompensera de leurs trauaux.

## CHAPITRE IX.

*De l'examen de conscience, & de l'exercice du soir.*

1. Les Sœurs feront leur examen deux foix le iour, sçauoir le matin apres None, & le soir auant Matines : celuy du matin se fera en cette sorte.

2. Apres le *Pater*, l'*Aue*, & le *Credo* que l'on doit dire à la fin des offices, elles diront le *Confiteor* iusques à *mea culpa*, & ayant inuoqué la lumiere du saint Esprit, elles regarderont briefuement quelles fautes elles ont faites ce iour là en leur leuer, à l'Oraison, à la messe, à l'office, aux assemblées, en leur trauail, au silence, & aux occupations ou l'obeissance les aura employées, puis ayant remarqué leurs fautes presentes elles les aiouteront auec les autres qu'elles ont remarquées au precedent examen, depuis leur derniere confession, pour faire de toutes ensemble l'acte de contrition, & le propos de s'amander acheuant le *Confiteor* ; & le signe estant donné, elles iront au refectoir.

3. Pour l'examen du soir il se fera en cette maniere; Apres les *Aue Maria* que la semaniere, ou celle qui sera deputée dira tout haut. Elle recitera les oraisons suiuantes que les autres diront apres elle mentalement ou vocalement tout bas.

4. Mon

## De l'examen.

4. Mon Dieu, Pere Fils & faint Esprit, tres sainte & individue Trinité, avec toute l'estendüe de l'étre qu'il vous à plus me donner en la communion de l'Eglise, ie vous adore en toute humilité, en l'vnité de vostre essence, & en la Trinité de vos personnes, ie vous remercie de tout mon cœur de tous les biens que i'ay receus de vostre infinie bonté particulierement de ce que vous m'auez creée à vostre image & semblance, racheter de vostre precieux sang, regenerée par le Saint Baptesme, appellée à cette sainte maison, de ce que vous m'attendez patiemment & conuiés si benignement à vne sainte penitence, & apres auoir tant offencé vostre diuine Maiesté, & m'auoir deliuré & preseruée d'vn nombre infini de maux, tant de coulpe que de peine que i'ay encouruës, & que ie pourrois encourir, vous me rendés par vostre benignité & bonté participante, de vos diuins mysteres; ie vous rends infinies graces, dés assistances que i'ay receües & que ie reçois iournellement de la tres sainte Vierge vostre Mere, du glorieux Saint Ioseph, de nostre Mere Sainte Magdeleine, de mon bon Ange, & de tous les Saints & Saintes de Paradis; & particulierement des biens faits que i'ay receus cette iournée de vostre douce misericorde soit en m'empechant de tomber au peché ou me les pardonnant soit en me defendant contre les tentations, soit en me conseruant en vostre grace. Ie vous supplie de me remettre en memoire toutes les offences que i'ay comises en ce iour cótre vôtre diuine Maiesté.

Mon

Monseigneur Iesus Christ, ie vous adore comme mon souuerain iuge, ie me soûmets volontiers à la puissance que vous aués de me iuger, & ie suis bien aise que vous ayés ce pouuoir sur moy, faites moy participante de la lumiere par laquelle vous me ferés voir mes pechés lors que ie comparoîtray deuant vostre tribunal apres ma mort; & me faites aussi participante du zele, & de la haine que vous portés au peché; afin que ie haïsse mes pechés comme vour les haïsséz.

Puis elle dira le *Confiteor*.

*Confiteor Deo omnipotenti, Beatæ Mariæ semper Virgini, Beato Michaëli Archangelo, Beato Ioanni Baptistæ, Sanctis Apostolis Petro & Paulo, Beato Augustino, & omnibus Sanctis, quia peccaui nimis cogitatione, verbo, & opere*; Puis on s'examine chacune en particulier & apres enuiron deux *miserere* de silence, l'on donne le signe, & la semaniere poursuit; *Mea culpa, Mea culpa, Mea maxima culpa, Ideo precor Beatam Mariam semper Virginem Beatum Michaëlem Archangelum, Beatum Ioannem Baptistam, sanctos Apostolos Petrum & Paulum, Beatum Augustinum, & omnes sanctos orare pro me ad Dominū Deum nostrum.*

Et aiouteta ce qui suit.

O Dieu infini, & tout-puissant, qui cônoissés combien ie suis pecheresse, & incapable d'vne sincere contrition ramolisséz par la puissance de vostre S. Esprit mon cœur insensible à tant de maux que ie ne cesse de cômettre, & changez ma dureté en vne tendresse d'amour. Ie deteste mes pechez autāt qu'ils vous déplaisent,

*De l'exercice du soir.* 229

& ie me donne à mon Sauueur Iesus-Christ pour auoir part à l'auersion, & à la douleur qu'il en a ressenti en mourant. Pardonnez moy, Pere Eternel, pour l'amour de vostre Fils souffrant sur la Croix ; C'est par sa seule passion que i'espere en vostre misericorde; c'est en inuoquant sa grace que ie fais resolution de ne plus retourner à mes pechez.

Ensuite elles diront *Aue filia Dei Patris, Aue Mater Dei Filij, Aue sponsa Spiritus Sancti, Aue templum totius Trinitatis.*

La semaniere. Ie vous supplie sainte Vierge qu'en faueur des prerogatiues que vous aués receuës de chacune des trois, diuines personnes de la tres sainte Trinité, il vous plaise de m'obtenir l'esprit de la vocation, & vne heureuse mort. IESVS, MARIA, IOSEPH; *Sancte Ioseph sponse Beatæ Mariæ Virginis,* le chœur respond. *Ora pro nobis peccatoribus.* La semaniere. *Sancte Ioseph Pater Iesu-Christi, Ora pro nobis peccatoribus, nunc & in hora mortis nostra.* Le chœur répond. *Amen.*

Priere à saint Augustin, qui pourra estre dite, ou en Latin, ou en François. *O Doctor optime, Ecclesiæ sanctæ lumen, Beate Pater Augustine, Diuinæ legis amator, Deprecare pro nobis Filium Dei.*

℣. *Ora pro nobis Sancte Pater Augustine.*
℟. *Vt digni efficiamur promissionibus Christi.*

OREMVS.

*Excita, quæsumus Domine, in tota congregatione tua, Spiritum cui Beatus Pater Augustinus Confessor tuus atque Pontifex seruiuit,*

vt

*ut eodem nos repleta studeamus amare quod amauit, & opere exercere quod docuit. Per Christum Dominum nostrum. Amen.*

La mesme priere en François.

O tres excellent Docteur, la lumiere de la sainte Eglise. Bien-heureux Pere saint Augustin, amateur de la Loy diuine, priés le Fils de Dieu pour nous.

℣. Priés pour nous saint Augustin nostre Pere.

℟. Afin que nous soyons fais dignes des promesses de IESVS-CHRIST.

ORAISON.

Excités, Seigneur, dans toute cette vôtre congregation, l'Esprit Saint auec lequel nôtre Bien-heureux Pere saint Augustin vous à serui; afin que chacune de nous en estant remplie, nous nous appliquions vniquement à aimer ce qu'il a aymé, & à faire ce qu'il a enseigné. Par nostre Seigneur IESVS-CHRIST. Ainsi soit-il.

La semaniere. Mon Dieu ie recommande à vostre diuine misericorde, mon ame, & mon corps, toute l'Eglise & mes prochains, particulierement mes parens, nos amis, nos bien-facteurs, & tous ceux pour qui nous sommes obligez de prier, ayés pitié des ames du Purgatoire, parce que vous les aués rachetées de vostre precieux sang. Le chœur répond. Ainsi soit-il.

*Aue sancte Angele Dei qui custos es mei, me tibi commissum pietate superna, hac noste illumina, custodi, rege, guberna, & pro me Deum ora. Amen. In manus tuas, Domine, commendo spiritū meum redemisti nos Domine Deus veritatis.* La semaniere. Gardés-nous Seigneur comme la prunelle de vostre œil, Lo chœur. Et nous protegés sous l'ombre de vos alies. La semaniere. Nous vous supplions Seigneur de visiter cette demeure, & d'eloigner d'elle toute les embuches de nostre ennemy; faites que vos Saints Anges y habitent pour nous y conseruer en paix; & que vostre benediction soit toûjours sur nous. Par nostre Seigneur Jesus-Christ. Le chœur répond. *Amen.* L'on lit le sujet de la meditation pour le landemain; & apres la Mere Superieure, ou celle qui tient sa place, donne la Benediction à toutes comme à Complies.

## CHAPITRE X.

### Du coucher.

1. Les Sœurs se retirant pour se coucher garderont exactement le silence, pour honnorer celuy que nostre Seigneur a gardé durant sa sainte vie, particulierement la nuit de sa douloureuse Passion.

2. Elles seront promptes à se deshabiller, s'entretenans interieurement sur le sujet qu'on aura leu pour leur meditation ; Elles
                                                                garderont

garderont en se deuêtant vn grande modestie & sainte pudeur, ne se découurant point, ni regardant leurs corps nuds, & seront soigneuses qu'on ne les voye pas non plus.

3. Elles plieront proprement leurs voiles, & leurs robes, pour l'estime qu'elles doiuent faire des habits de la sainte Religion, dont elles ont la grace d'estre reuêtues, & pourront penser au depoüillement que nostre Seigneur souffrit au temps de sa sainte Passion; le suppliant de les voüloir depoüiller, par les merites de sa tres sainte nudité, de toutes les affections & inclinations qui luy sont desagreables.

4. Auant qu'entrer dans le lict, elles se mettront à genoux, pour adorer Dieu, & luy offrir leur sommeil. Pouuant se seruir de ces paroles. Ie vous adore, mon Dieu, comme la fin de mon estre, & veux tendre continuellement à vous. Ie vous offre la fin de cette journée, pour prendre le repos que vous m'ordonnés, en l'honneur & vnion de celuy que vous aués pris estant en ce monde, & ie desire passer cette nuit en l'vnion de celles que vous aués employées pour moy; faites que vos diuines intentions sanctifient mon repos; que ie sois toûjours disposée de paroître en vostre presence, quand il vous plaira de m'appeller, vous reconnoissant pour mon Souuerain Iuge; qui pouués à tous moments prononcer l'arrest de ma mort selon vostre sainte volonté. I'adore derechef & me soûmets à vostre Iugement; vous suppliant qu'il me soit fauorable, afin que ie vous

puisse

*Du coucher.*

puisse aimer & benir eternellement. *Amen.*
5. Apres baisant les pieds du Crucifix, elles diront, *In manus tuas, Domine* JESV, *commendo spiritum meum redemisti me Domine Deus veritatis.* Et pourront ajouter cette petite priere de saint Bonauenture, à la sainte Vierge, *In manus tuas, Domina, commendo spiritum meum & corpus meum, totam vitam meam, & diem vltimum meum.* C'est à dire, Entre vos mains, Ma tres chere Dame, ie recommande mon esprit, & mon corps, toute ma vie, & mon dernier iour.

6. Ayant demandé la benediction, à nostre Seigneur, à nostre Dame, & à leur bon Ange; & pris de l'eau benite, elles se mettront au lict faisant le signe de la Croix, & se souuiendront que nostre Seigneur & plusieurs saints dormoient sur la terre froide; & combien elles sont obligées à sa bonté qui leur donne si paternellement leurs petites commodités: Qu'elles se couchent en la mesme posture qu'elles feroient si elles voyoient nôtre Seigneur de leurs yeux corporels; car veritablement il les regarde en cette action, aussi bien qu'en toute autre.

7. Estans couchées elles se representeront qu'vn iour elles seront ainsi dans le tombeau, & priant Dieu qu'il les assiste à l'heure de la mort, qu'elles tâchent de s'endormir toûjours en quelque sainte pensée, parce qu'il y a vn demon qui épie leur sommeil pour l'infecter des mauuaises imaginations, & vn qui épie leur réueil, afin de remplir
leur

leur esprit de mille vaines, & inutiles pensées.

8. Qu'elles ne sortent jamais de leurs cellules sans estre vestues. Les Professes porteront la nuit leur Crucifix, & vn petit voile noir, auec vne guimpe. Et les Nouices, & pretendantes porteront aussi leur Crucifix.

## Chapitre XI.

### De la Confession.

1. Les Sœurs feront attention tres speciale à ce qui leur est marqué dans leurs Constitutions, de ne iamais se presenter au Sacrement de Penitence, qu'après auoir produit vn acte veritable de douleur, auec vn ferme propos de se corriger des pechez dont elles se confesseront. Et doiuent sçauoir que sans ces deux actes, joint au troisiéme de dire tous les pechez griefs qui leur pesent sur la conscience, leur Confession seroit nulle.

2. Elles se representeront le Sacrement de Penitence comme vn bain salutaire, composé du precieux sang de nostre diuin Saueur, dans lequel leur ame doit estre lauée de toutes ses soüilleures. Et considereront la bonté de Dieu enuers nous, qui ne nous demande autre chose pour reparation des iniures que nous luy auons faites, & pour nous remettre en

en grace auec luy, sinon, qu'auec la volonté d'accomplir la penitence qui nous sera enjointe, & le regret de luy auoir déplu, nous nous accusions de nos pechés à vn Prestre qui nous tient sa place, nous en absout en son nom, & les met dans vn perpetuel oubly. Et non seulement nous sommes reconciliés auec Dieu, & remis en sa grace comme auparauant que nous eussions peché, mais nous receuons augmentation de grace, & entrons dans vne plus étroite appartenance, & vnion auec Iesus-Christ. Ce qui doit porter les Sœurs à desirer de s'approcher de ce Sacrement aux iours ordonnés pour purifier leurs ames; surmontant courageusement la honte qu'elles pourroient auoir de dire leurs pechés; estant bien iuste qu'ayant offencé Dieu, elles en reçoiuent quelque confusion.

3. Elles prendront garde aussi de n'y pas aller par coûtume, ny par imitation, mais poussées d'vn veritable repentir de leur pechés; car ce qui fait qu'on ne s'amende pas de ses fautes, est que l'on n'a pas vn ferme propos de se corriger, n'y vne vraye douleur de les auoir commises: ce qu'elles obserueront principalement pour les fautes d'importance.

4. Qu'elles se confessent simplement & naifuement, tachant de bien faire entendre au Confesseur le motif & le mouuement qui les a portées à faire les fautes, desquelles elle s'accusent & pour s'aider à cela qu'elles lisent parfois le dixneufuième Chapitre du second liure de l'Introduction à la vie deuote. Que

fi

si elles se trouuoient l'esprit embrouillé, ou troublé, ou sans lumiere, ny discernement de leurs pechéz, ou sans aucune douleur, elles le diröt au Confesseur,ou à la Mere Superieure, afin de faire ce qu'ils iugeröt à propos.

5. Quand elles se deuront confesser, elles se prepareront de cette sorte elles se mettront à genoux,& se prosterneront en esprit d'humilité deuant Dieu, qu'elles regarderont connoissant, detestant, iugeant, condemnant, & punissant nos pechéz iusques au moindre & en esprit de criminelle elles luy diront. O Dieu de mon ame, Iuge de tous les hommes: Ie vous adore en cette qualité, vous voyés vne pecheresse prosternée aux pieds de vostre misericorde, ie suis coupable, & ie ne le connois pas : mais comme vostre bonté me donne le desir d'amender ma vie : ie luy demandé par les merites de mon sauueur Iesus Christ, vn rayon de cette lumiere, par laquelle à l'heure de ma mort, ie verray parfaitement tous les desordres de ma vie.

6. Puis elles diront le *Confiteor* iusques à *mea culpa*, se metront à rechercher leurs pechéz, assembleront tout ce qu'elles auront trouué en leurs examens iournaliers, regarderont vn peu s'il n'y a rien de plus, acheueront le *Confiteor*, & poursuiuront l'acte de contrition Ie vous demande tres humblement pardon. O mon Dieu, de tous ces pechéz, ie les deteste par ce qu'ils vous déplaisét,auec vn ferme propos de les confesser,& de m'en amander. Ie les desauoüe comme vous les desauoüéz, non seulement ceux là,mais tous ceux que i'ay iamais

mais commis: Faites, O mon Dieu, que ie me iuge & me condamne moy mesme, & que ie souffre auec vn veritable esprit de penitence les punitions tres-equitables dont vous voudrez chatier mes pechez en ce monde, pour iouir en l'autre des douceurs de vos misericordes. I'adore vos chatimens, ie les accepte, & les veux souffrir de tout mon cœur, en vnion des satisfactions infinies de Monseigneur Iesus Christ, duquel ie vous offre dés maintenant l'auersion infinie qu'il auoit de mes pechez sur la croix, pour suppléer au defaut de ma douleur. Ainsi soit il.

6. Dans ces sentimens de contrition, elles iront se presenter au Prestre, luy feront vn enclin fort bas, les yeux baissez & les mains iointes, honorant Iesus Christ en sa personne & faisant le signe de la croix, elles diront benissez moy mon Pere, car i'ay peché & ayant receu la benediction, elles s'accuseront de leurs pechez auec douleur, verité, humilité, & clarté.

7. Elles tacheront d'estre courtes dans leurs preparations & confessions, en sorte neantmoins que cela ne les empesche pas de se bien examiner & expliquer, pour donner à leur conscience la satisfation de se décharger de tous les pechez qui leur peseroient sur le cœur, mais elles ne doiuent parler que d'elles en la confession, se gardans bien d'accuser les autres, puis que ce sacrement n'est institué que pour s'accuser soy mesme. Ce qu'elles obserueront non seulement en cette action de la confession, mais en toutes autres communications

munications qu'elles auront, soit auec le Confesseur ordinaire, ou extraordinaire; car elles doiuent sçauoir que telles communications ne leur sont permises, ou ordonnées que pour la consolation & le bien de leurs ames, & non pour faire des plaintes, ou murmures d'autruy.

8. Elles écouteront auec respect & tranquilité, ce que le Confesseur leur dira; mais s'il leur conseilloit quelque chose contraire à ce qui leur est prescrit, elles le luy remontreront humblement, de mesme s'il leur enioignoit quelque penitence hors du trein de la communauté, elles le supplieront auec humilité de la leur changer, que s'il en faisoit difficulté, elles le diront à la Mere Superieure pour sçauoir comme elles s'y deuront comporter.

9. Iamais elles ne parleront entr'elles, de ce qui se sera passé en la Confession ou Communication auec le Confesseur, mais toujours il leur sera loisible d'en parler à la Mere Superieure, sur tout quand il leur arriuera quelque difficulté.

10. Apres la confession elles feront la penitence qui leur aura esté enioincte le plustost qu'elles pourront, auec vne grande contrition, & desir de s'amander, la reconnoissant beaucoup moindre que leurs pechez ne meritent, elles l'vniront aux infinies satisfactions de Nostre Seigneur Iesus Christ, qu'elles remercieront du benefice singulier de ce Saint Sacrement de penitence, pouuant se seruir pour cela de cette petite Oraison.

*De la Confession.* 239

11. Ie vous remercie, Monseigneur & mon Dieu, de toutes les misericordes que vous m'auez faites par ce saint Sacrement de penitence, que vous auez institué pour nous reconcilier auec vous, & nous augmenter vos graces; ie vous offre la penitence qui m'a esté imposée, vous suppliant de l'vnir à vos infinies satisfactions, afin que ie puisse m'acquiter en quelque sorte, de ce que ie dois à vostre diuine iustice. *Amen.*

Ie vous supplie, mon bon Dieu, par les merites de vostre B.H. Mere toujours Vierge & de tous les Saints, que cette Confession que ie viens de faire, vous puisse estre agreable; & que vostre bonté & misericorde supplée à ce qu'il y a de defectueux en icelle, soit en la qualité de la contrition, soit en la pureté & integrité de la Confession, afin qu'il vous plaise me tenir parfaitement absoute dans le Ciel. Ainsi soit il.

12. Elles se confesseront par rangs, commençant par les premieres du premier ordre, & ainsi elles suiurõt chaque ordre, estãt soigneuses de se trouuer au lieu destiné pour se confesser chacune en song rang, & pour cet effet, si la Mere Superieure le trouue bon, celles de l'ordre qui doiuent se confesser, s'assembleront en quelque lieu proche, y demeurant iusqu'à ce qu'elles soient toutes confessées, & sur la fin, l'on auertira par quelques coups de cloche, celles de l'ordre qui suiuent, qui viendront, & les autres qui sont confessées se retireront, ou bien elles suiuront l'ordre que la Mere superieure leur prescrira, laquelle

leur donnera penitence à celles qui par leur faute manqueront de se confesser à leur rang.

13. Les Sœurs s'affectionneront de former souuent des actes de contrition de leurs pechez, & de ceux qui commettent toutes les creatures ; mais principalement lors qu'elles auront fait quelque deffaut notable, n'attendant pas à leur examen, ni à leur confession d'en demander pardon à Dieu, mais le feront le plutost qu'il leur sera possible ; se rendant familiere la pratique de la confession spirituelle, qui leur seruira mesme de preparation pour la Sacramentelle ; se prosternant en esprit deuant Dieu, ou mesme de corps, si elles le peuuent bonnement, Elles diront. Monseigneur Iesus Christ, vous reconnoissant & adorant comme mon Souuerain Iuge, ie m'accuse de mon peché, & non seulement de celuy-la, mais aussi de tous ceux que i'ay jamais fais, & que commettent vos creatures, ie les deteste parce qu'ils vous déplaisent, & vous supplie me faire la grace de me confesser de ces miens pechés auec douleur & propos de m'amender, acceptant pour satisfaire à vôtre diuine Iustice toutes les peines qu'il vous plaira m'enuoyer. Elles pourront aussi plus briefuement frapper leur poitrine, & dire pardonnez-moy, mon Dieu, pardonnez-moy. Et semblables actes de contrition que le saint Esprit leur inspirera.

CHAPI

## Chapitre XII.

### De la sainte communion.

1. Les Sœurs pour se preparer à la reception de la divine Eucharistie, se remettront en memoire, ce qu'en dit la Constitution, qu'elles doivent s'en approcher avec desir & amour, estant veritable que l'vn & l'autre de ces deux mouvements enuers Dieu dilate le cœur, & le rend capable de receuoir abondamment ses graces. Et comme il n'y en a point en cette vie de plus grande que celle d'estre repuë de ce pain des Anges, il est iuste que toutes les affections de l'ame soient employées à la desirer avec ferueur.

2. Il faut donc que les Sœurs tachent d'exciter leur desir aux approches de ce tres-saint Sacremēt, à l'imitation de nostre diuin Sauueur qui temoigna d'en auoir ardément desiré l'institutiō, disant à ses Apostres, i'ay desiré d'vn grand desir de manger cette pâque auec vous. Et les Sœurs pour corrēpondre à vn si grand amour, desireront de tous leurs cœurs d'aller à luy, & de le receuoir, & en doiuent faire paroître de si embrasez mais veritables desirs, que l'on puisse dire d'elles, ce que l'Abbé Pasteur raconte de ses Religieux, que quand le jour de la communion approchoit ils estoient si ardemment desireux de cette diuine viande, qu'ils ressembloient aux cerfs alterez qui courent apres l'eau des fontaines,

pour defalterer leur foif. Auffi eft-ce principalement en ce tres-faint Sacrement que noftre Seigneur inuite ceux qui ont foif d'aller à luy comme à la fontaine de la vie eternelle. C'êt pourquoy les Sœurs prieront le faint Efprit de former dans leurs cœurs des defirs enflammés de receuoir leur Createur, difant fouuent auec faint Auguftin, Donnez-moy toûjours, Seigneur, ce pain de voftre table facrée, & ne permettés pas que ie fois priué de la participation d'vn pain fi faint.

3. Elles fe prepareront au moins dez la veille de la communion par des telles, ou femblables affections. Et confidereront en leur recueillement la grandeur de Dieu, & leur baffeffe, difant auec faint François, que fuis-je Seigneur, & qui eftes vous? ou d'vn cœur humblement joyeux auec faint François De Sales. O chofe admirable! la pauure chetiue efclaue, loge fon Seigneur, le reçoit & le mange! & comme enfeigne ce grand Saint, elles feront diuers actes de Foy, & de confiance, fur ces paroles de l'Euangile, fi quelqu'vn mange ce pain il viura eternellement.

4. Que fi elles fentent leurs cœurs fecs & arides, ou abbattus de triftefse, & d'apprehenfion, d'approcher d'vn fi redoutable Myftere, elles exciteront leur deuotion par les paroles du mefme faint Françoi De Sales, Mon ame, pourquoy es-tu trifte? & pourquoy me trouble tu? voicy ton êpous, joye, & ton falutaire qui vient, allons au deuant de luy, par vne fainte allegrefse

## De la sainte communion.

& amoureuse confiance. Elles se souuiendront aussi que Zachée, quoy qu'il fut vn homme pecheur, merita pourtant de receuoir Iesus-Christ chez-luy, pour le grand desir qu'il eut de le voir, ce qui luy fit surmonter tous les obstacles qui l'empechoient de iouïr de ce bon-heur. Et que ceux qui estoient inuités au festin ayans refusé d'y aller, nostre Seigneur dit qu'il n'en estoient pas dignes, & ne rend pas d'autres raisons de leur indignité, sinon le refus qu'ils firent de se trouuer à ce banquet, qui estoit vne figure de celuy de l'Eucharistie. Ce qui doit obliger les Sœurs à correspondre auec vne tres grande ardeur, à cette douce inuitation que nostre Seigneur leur fait de venir à la sainte communion és iours qui leur sont ordonnés. Et ne doiuent rien tant apprehender que de meriter par leur faute d'en estre priuée, crainte qu'il ne leur auienne comme à ces miserables, qui furent destruits, & leur Ville brûlée; malheur qui ne leur arriua que pour s'estre rendus indignes de se trouuer au festin où ils estoient appellez.

5. Elles pourront se seruir de l'Oraison suiuante pour se preparer, la disant en esprit d'humilité.

Monseigneur IESVS, ie confesse que ie suis vne tres grande pecheresse, & tres indigne de vous receuoir, & neantmoins vostre bonté daigne bien m'y conuier nonobstant mes offences, ie m'approcheray donc confidemment de vostre sainte table, qui est le trosne de vos misericordes, afin que ie puisse trouuer

L 2 grace

deuant vous, & que vous receuant dedans moy vous y soyez tout ce que vous y deuez estre, y regnant absolument & parfaitement, que vous me changiez en vous, que vous detruisiez en moy tout ce qui est de moy, & qui s'oppose à vous, notamment telles imperfections; ie veux vous receuoir, Mon tres cher Seigneur, pour trouuer en vous la force qui m'est necessaire pour vaincre ma foiblesse, & pour obeïr au desir que vous auez de viure en moy, & de vous offrir à vostre Pere en sacrifice sur l'Autel de mon cœur, prenez y donc vne entiere possession de vos dons, afin que ie n'use de vos biens que selon vostre sainte volonté; ornez mon ame, & la parez de vos saintes dispositions, afin que vous ayant receu dans moy, ie ne viue plus qu'en vous, par vous, & pour vous. *Amen. Veni Domine Iesu, veni, quis det vt citò venias in cor meum & inebries illud!* S. Augustin. c'est à dire. Ainsi soit-il, venez, Monseigneur Iesus, venez, venez, qui me donnera que vous veniez bientost dans mon cœur, & l'enniuriez de vous mesme!

6. Leur grande & principale intention à la communion doit estre de s'vnir à Dieu, de s'auancer en la perfection, se fortifier contre des peines & tentations, & pour trauailler courageusement à l'amendement de leurs defauts; & pour ce dessein, elles doiuent faire vne bonne resolution de se corriger de quelque imperfection, ou pratiquer vne telle vertu, en sorte que d'vne communion à l'autre elles fassent attention d'y faire progrez, & qu'el-

### De la sainte Communion.

qu'elles puissent offrir à nostre Seigneur plusieurs saintes victoires.

Elles feront aussi attention de recommander à Dieu deuant ou apres l'auoir receu, les intentions pour lesquelles la Mere Superieure leur aura dit d'appliquer la communion.

7. Estans proches de communier elles redoubleront les actes de foy, d'esperance, de desir, de contrition, d'humilité, d'amour, & semblables que le saint Esprit leur inspirera; disant tantost auec saint Iean Baptiste, qui suis-ie, que vous veniez a moy! ou auec saint Iean l'Euangeliste, venez, Monseigneur Iesus : tantost auec saint Thomas, Monseigneur, & mon Dieu! ou bien auec le Psalmiste, comme le cerf desire les fontaines des eaux, ainsi mon ame vous souhaite, O mon Dieu! hé! quand viendray-ie & paroitray-ie deuant vostre face? Mon ame à soif de vous, O mon Dieu, & ma chair vous desire. Mon cœur & ma chair se sont reiouis au Dieu viuant. Le Passereau a trouué sa maison, & la tourterelle son nid pour mettre ses petits, mais mon repos & ma demeure seront dans vos tabernacles, & proche de vos Autels! & maintenant quelle est mon attente? n'est ce pas vous Monseigneur? en vous sont toutes mes richesses, & tout mon bien.

8. Si elles sentent leurs cœurs aggrauez sous le poids de leurs miseres, & leurs ames toutes languissantes pour la multitude de leurs imperfections; bien loing que cela les doiuent faire retirer de la Sainte Communion, qu'au contraire, pourueu que leur volonté

L 3 deteste

deteste sincerement le peché, elles doiuent plustot desirer de receuoir Iesus-Christ, puis que c'est luy seul qui les peut garantir de la mort, luy criant interieurement comme ce bon Prince de la Sinagogue, Seigneur, descendez, & venez promptement en moy, afin que mon ame ne meure, & feront des actes de confiance que par le moyen de ce diuin Sacrement elles seront desliurées de leurs miseres; se representans que le Sauueur leur respond, comme au fidelle centenier, i'yray, & vous guerriray: ainsi les Sœurs doiuent esperer qu'en receuant auec foy & deuotion le corps de nostre Seigneur Iesus-Christ, leur ame receura vne parfaicte santé.

Iamais elles ne se priueront de la communion és iours ordonnés, que par l'ordre ou permissiō de la Mere Superieure, & quād pour penitence de leurs fautes elles en seront priuées, elles s'humilieront beaucoup, tachant de gaigner par la Communion spirituelle faite auec ferueur, les biens qu'elles perdroient par la priuation de la reelle.

9. Qu'elles s'essayent d'auoir vne grande contrition de cœur, & sentiment d'humilité disant le *Confiteor, & Domine non sum dignus* qui sont les paroles que l'Eglise nous met en bouche pour nous disposer à la communion lors que nous sommes sur le point de receuoir nostre Seigneur; elles doiuent demander au saint Esprit d'entrer dans les sentiments qu'il a eu dessein d'imprimer dans le cœur des fidelles, lors qu'il a inspiré l'Eglise de mettre ces belles paroles dans la bouche de ses Enfans. 10. Elles

## De la sainte Communion.

10. Elles pourront aussi estant proche d'aller Communier, vser de cest elancement, O presence d'vne Majesté que ie ne puis soutenir, presence d'vn Dieu viuant, qui vient me faire mourir à moy mesme, pour me faire viure & demeurer en luy! estant toute transportée de l'exces d'vn tel amour en mon endroit, mon ame auec toutes ses puissances vont au deuant de vous, O mon Dieu, pour vous receuoir. Venez mon Redempteur, venez en mon ame & la sanctifiez, venez en mon cœur & le purifiez, & me gardez à iamais de vous deplaire, & d'estre separée de vous. Amen.

11. Ayant receu nostre Seigneur elles feront vn acte d'adoration; aualant la sainte Hostie auec grande deuotion & reuerence, pour receuoir la grace du sacrement qui se communique principalement alors; c'est pourquoy elles prendront soigneusement garde, de ne pas laisser consumer la sainte Hostie dans leur bouche, mais de l'aualer au plustost auec grande attention, & respect, disant de cœur, Mon ame, benis le Seigneur, & que tout ce qui est en moy loüe son saint nom. Et toutes penetrées de l'admiration de sa bonté, elles s'escrieront interieurement, he! d'où me vient ce bonheur que mon Dieu soit venu en moy? beni soit celuy qui m'est venu visiter des hauts lieux, sans que ie l'aye merité. Qu'elles l'en remercient, & appellent toutes les puissances de leur ame, pour escouter sa Majesté, & receuoir ses commandements, luy promettant fidelité. Que leurs ames fassent lors cession en-

L 4         tre

tre les mains de Dieu de tout leur estre, se donnant pour iamais à celuy qui est la vie de leurs cœurs. Qu'elles disent, que mon estre soit aneanti, afinque ie sois viuante & subsistante en mon seul Iesus; ie le tiens & l'adoreray dans ma poitrine & au profond de mon cœur, & ne le lairray point: O mon Iesus, O mon epous, O mon amour, viuez en moy, & moy en vous.

12. Qu'elles se donnent toutes à celuy qui s'est tout donné à elles, suiuant la pratique du grand saint François de Sales, d'abandonner d'affection toutes les choses du Ciel & de la terre, disant, que veux-ie au Ciel, & que me reste-t'il à desirer sur la terre, puis que i'ay mon Dieu qui est mon tout? qu'elles luy disent selon que l'enseigne le mesme saint, simplement, respectueusement, & confidemment tout ce que son amour leur suggerera, & se resoluent de viure desormais selon la sainte volonté du maître qui les nourrit de luy mesme.

13. Elles pourront aussi demeurer en silence auprès de ce diuin hoste, escoutans ses sacrées paroles, à l'imitation de leur patronne sainte Magdeleine; qu'elles considerent qu'elles sont obligées de le faire auec encor plus de soin & d'ardeur que cette grande sainte, puis que non seulement elles sont proches de nostre Seigneur comme elle, mais elles l'ont dans le fond de leurs cœurs, & portant toutes esprises d'vn doux sentiment de reconnoissance, d'amour, & de ioye, elles diront auec la mesme sainte, ces paroles de l'Espouse

*De la sainte Communion.* 149

se que l'Eglise luy approprie, & qui sont dans leurs constitutions, i'ay trouué celuy que mon ame cherit, ie le possede, & auec sa grace ie ne m'en separeray iamais par aucune infidelité. C'est ce que les Sœurs luy doiuent demander instamment, disant auec le prophete Roy, ne me delaissez pas, Monseigneur & mon Dieu, ne vous deportez point de moy.

14. Elles se representeront aussi l'occupation interieure de la tres sainte Vierge, lors qu'elle portoit le Verbe Eternel dans ses sacrées entrailles, ou qu'elle le receuoit apres son Assension : & supplieront ceste Mere de bonté de leur communiquer de ses saintes ardeurs, & d'offrir pour elles ses diuines dispositions en supplement de celles qui leur manquent.

15. Si elles sentent quelque emotion de la presence du diuin Sauueur, elles se conuertiront & se tourneront vers luy de toutes leurs puissances, luy disant comme leur Mere sainte Magdeleine, hé mon Maistre ! que vos Misericordes sont grandes en mon endroit, ie les chanteray eternellement ! & tascheront de sauourer tranquillement ce don de Dieu.

16. Elles pourront aussi apres la communion se seruir de l'Oraison suiuante proferée mentalement.

Iesus mon Seigneur, vous estes le Dieu de mon cœur, ie croy tres fermement que vous estes en moy selon vostre Diuinité & selon vostre Humanité sacrée ; car vous l'auez dit, O mon Dieu ! dans quel aneantissement dois-ie estre reduite en la presence de vostre diui-

L 5 DE

ne Majesté ? quelle temerité à vne pecherefse de receuoir fon Dieu, auec fi peu de preparation ? pardonnez moy mon Dieu, pardonnez moy, voftre bonté m'a conuiée à vous receuoir afin que i'apprenne à vous aimer efficacement & tres intimement par la vertu de voftre prefence. Ie vous adore donc auec tous les fentiments d'humilité, & d'abbaiffement que peut vne pure creature ; i'adore tous vos deffeins fur moy quels qu'ils puiffent eftre ; ie renonce à moy mefme & à mes inclinations pour vous aimer vniquement, & vous laiffer vn Empire abfolu fur moy mefme, fur mes penfées, paroles, œuures, deffeins, vie, mort, temps, eternité, afin que ie fois deformais vn inftrumét de voftre gloire, comme vous auez voulu que ie fois vn objet de vos mifericordes, en vous donnant à moy. Poffedez donc mon Seigneur, ce cœur que vous auez daigné vifiter : viuez, regnez, agiffez, patiffez en luy ; accompliffez y tous vos deffeins. Domptés, mon Dieu toutes mes paffions rebelles aux loix de voftre amour, aneantiffez mes inclinations, mes lumieres, & mon amour propre. Que voftre foy, vos maximes, & vos voloutez foient ma guide, & voftre amour tout mon partage dans ce monde, & dans l'Eternité. Que tous vos Saints & tous vos Anges vous beniffent pour moy. Beniffez vous vous mefme en moy & pour moy, puis que vous n'eftes dignement loué que par vous mefme. Ainfi, Monfeigneur, faites en moy ce que vous eftes venu faire ; eftabliffez y vne humilité tres-parfaite,

vne

*de la sainte Communion.* 251

vne obeïssance, foy, esperance, & charité tres ardente; par les merites des vertus dont vous me donnez vn si rare exemple en ce Sacrement, afin que ie vous benisse à iamais. *Amen.*

17. Bref les Sœurs tacheront de bien profiter le temps precieux qu'elles auront nostre Seigneur Iesus-Christ dans elles, auant que les especes Sacramentelles soient consumées, estant le temps le plus propre, comme dit sainte Terese, pour negotier auec luy & obtenir ses graces. Elles luy en rendront d'infinies pour ceste grande misericorde qu'il leur à faite de les auoir visitées; & reietteront fidellement toutes les pensées qui pourroient les distraire de ce Diuin objet. Car c'est chose asseurée que la negligence de s'appliquer à Dieu apres l'auoir receu, aussi bien que le defaut de preparation, sont causes du peu de profit qu'on retire de la sainte Communion, dont vne seule faite comme il faut est capable d'establir pour iamais vne ame dans la haute sainteté.

18. Durant le iour, elles tacheront de se souuenir souuent de cette grace, s'eleuant à Dieu par quelques deuotes aspirations, & se comporteront en sorte que l'on puisse connoître en leurs paroles & actions qu'elles ont receu Dieu ce iour là.

19. On leur donnera enuiron vn demy quart d'heure pour faire leur action de graces, qu'elles conclurront toûjours par quelque priere pour les ames de Purgatoire, gaignant les Indulgences si elles en ont.

20. Quand le Prestre aura dit les trois *Agnus*

L 6     *De*

*Dei*, celles qui doiuent Communier baisseront vn peu leur voile, l'attachant auec vne espingle, crainte qu'il leur tombe sur le visage, & auront soin de s'essuyer les leures auant que Communier, la premiere qui doit Communier auec les deux ou trois qui suiuent iront se mettre à genoux deuant la grille. Le Prestre s'estant Communié, la Mere Sacristaine, ou celle que la Mere Superieure iugera à propos, dira tout haut le *Confiteor* que toutes diront bas apres elle en ceste sorte, estans inclinées.

*Confiteor Deo omnipotenti, Beatæ Mariæ semper Virgini, Beato Michaëli Archangelo, Beato Ioanni Baptistæ, Sanctis Apostolis Petro & Paulo, Beato Augustino, omnibus Sanctis, & tibi Pater quia peccaui nimis cogitatione, verbo, & opere; Mea culpa, Mea culpa, Mea maxima culpa. Ideo precor Beatam Mariam semper Virginem, Beatum Michaëlem Archangelum, Beatũ Ioannem Baptistam, sanctos Apostolos Petrum & Paulum, Beatum Augustinum, omnes sanctos, & te Pater orare pro me ad Dominum Deum nostrum.*

21. Elles s'inclineront durant que le Prestre dira *Misereatur*, & *Indulgentiam*, & en disant trois fois, *Domine non sum dignus, vt intres sub tectum meum, sed tantum dic verbo, & sanabitur anima mea.* Qu'elles diront tout bas, en frappant leur poitrine.

22. Elles Communieront par ordre de reception, la premiere des professes ira apres la derniere des Meres, & les autres suiuront par rang se leuans pour aller Communier, elles poseront

poseront doucement leurs sandales en leurs places, ce qui signifie qu'elles doiuent oster de leur affection tout ce qui est terrestre, pour tendre vniquement vers celuy qu'elles vont receuoir. Elles feront dez leurs places vn enclin à la Mere Superieure, ou à la premiere des Meres qui se trouuera au chœur, & estans proches de la grille feront à main droite la genuflexion au tres-saint Sacrement, se mettront à genoux sur le marchepied, tenant la teste droite, & ferme sans se remuer, & ouurant mediocrement la bouche pour donner commodité au Prestre de mettre dedans la sainte Hostie. Elles se retireront aussi tost à gauche, faisant la genuflexion au tres-saint Sacrement vers la grille, & l'enclin à la Mere Superieure estant à leurs places, & reprenant leurs sandales se mettront à genoux.

23. La premiere Communion de chaque mois se fera pour les ames de Purgatoire en general, & pour demander à Dieu l'esprit des Regles, & la grace de bien obseruer leurs vœux & protestations, & se renouueller en l'esprit de leur vocation.

La seconde pour les Sœurs decedées en cette maison, & pour la conuersion des Infidelles & pecheurs.

La troisiéme, pour l'exaltation de la sainte Eglise, l'extirpation des heresies, & l'vnion entre les Princes Chrestiens.

La quatriéme, pour leurs Superieures & bien-facteurs Spirituels, & Temporels, & pour les necessitez de la ville de Lyon.

S'il se rencontre vne cinquiéme Communion

nion le mois, elle se fera pour les parens des Sœurs tant viuans que trespassez. Ou selon que la Mere Superieure jugera à propos. Laquelle pourra aussi faire appliquer les autres Communions pour les intentions qu'elle trouuera bon, mesme auec celles qui sont marquées.

24. Outre cête Communion Sacramentale, les Sœurs doiuēt beaucoup s'affectionner à la spirituelle, qui leur seruira de preparation pour la reelle; & qui est mesme si necessaire pour nous y disposer, que sans la Communion spirituelle la Sacramentale ne vous seruiroit de rien, ainsi que selon saint Augustin, il n'ût de rien profité à la sainte Vierge, si elle eut pû conceuoir le Fils de Dieu en son ventre sacré, sans l'auoir auparauant conceu dans son Esprit. Cêt pourquoy les Sœurs se rendront soigneuses de pratiquer cette Cōmunion spirituelle, non seulement aux Messes qu'elles entendront, à quoy elles ne doiuent iamais manquer, mais aussi en tout autre temps, & en tous lieux; principalement les veilles de la Communion, & quand elles visiteront le tres saint Sacrement. Or la Communion spirituelle consiste au desir de s'vnir à Iesus-Christ, & de receuoir son sacré corps; & puis qu'il est nostre chef & que nous sommes ses membres, n'est-il pas iuste que tres souuent nous formions des desirs d'vne plus estroite vnion auec luy? à ces fins les Sœurs pourront se seruir de quelque courte mais deuote priere, telle que celle-cy. O Dieu de mon ame! par cêt amour qui vous a obligé, de vous donner

à

### De la sainte Communion. 255

nous au tres-saint Sacrement, appliquez moy les fruits de vostre douloureuse passion, par la vertu de ce tres-saint Sacrement. Ou bien, loüe soit le tres-saint Sacrement de l'Autel, quand sera ce, Monseigneur, que mon ame sera vnie à vous, & rassasiée du tres-saint Sacrement, afin que vostre mort soit vtile à mon ame. Ou quelques vnes des aspirations marquées pour la preparation de la Communion; ou telles autres que le saint Esprit leur inspirera. Faisant aussi des actes de remerciement d'vne si grande grace, que Iesus-Christ se vueille bien vnir à elles, afin que comme enseigne le saint Concile de Trente, mangeans en desir, & intention ce pain Celeste, qui leur est mis en auant, elles en sentent l'vtilité & le fruit, par la foy viue, qui opere par charité.

25. Aux festes qui suiuent les iours de Noël, Pasques, Pentecoste, le iour de la Conuersion de saint Paul, de la Natiuité de saint Iean-Baptiste, les Festes des Apostres, de l'Ange Gardien, ou de saint Michel, celles de saint Laurent, de sainte Anne, de sainte Pelagie, de sainte Marie Egyptienne, & autres que la Mere Superieure iugera à propos, les Sœurs qui en auront la deuotion pourront luy demander la permission de Communier si elle le trouue bon. Comme aussi les iours qu'elles auront pris l'habit de la Probation, & du Nouiciat, & fait Profession. Et la veille de ces iours là, elles se mettront à genoux à l'obeïssance du soir deuant la Mere, pour la supplier de faire prier Dieu pour elles, qu'il leur fasse

la

la grace de se rendre dignes de leur vocation, & le remercier de la misericorde qu'il leur à faite.

## Chapitre XIII.

*De la maniere que les Sœurs se doiuent comporter aux sermons & conferences, & des lectures.*

1. Les Sœurs se rangeront pour les sermons, ou conferences, ainsi que la Mere Superieure trouuera bon, assises à terre, ou sur des bans au milieu du chœur, ou en leurs sieges vn peu tournées du costé du Predicateur. Elles auront leur voile à moitié baissé, sinon que ladite Mere leur ordonnât de le baisser tout à fait, ou de le leuer.

2. Elles doiuent toûjours temoigner vn grand desir d'entendre la parole de Dieu, & d'en faire leur profit, elles l'escouteront auec attention, soit dans les Sermons, soit dans les Conferences, faisant vne petite reflection sur le besoin qu'elles ont d'acquerir la vertu, ou de se corriger du defaut dont on traitera, ou remerciant Dieu de la grace qu'il leur fait de les instruire par la bouche de ses seruiteurs, & leur faire connoistre les obligations qu'elles ont à sa bonté.

3. Si aux Conferences, on leur ordonne de faire des questions, elles prendront garde de n'en

## Des Sermons & lectures.

n'en point faire qui ne tendent à l'vtilité ; & soit des Sermons, des Conferences, des lectures, & mesme de ce qui leur sera dit en la Confession, ou communication particuliere, elles n'en prendront aucune chose qui ne soit conforme à ce qui leur est prescrit : & pour peu de doute qu'elles ayent là dessus, elles s'en esclairciront vers la Mere Superieure, ou leurs Meres Maistresses ; car elles doiuent estre assurées que pour ce qui les touche toute la perfection est enclose dans leurs Regles, Constitutions, Directoires, & en l'obeissance qu'elles rendront aux personnes commises pour leur conduite : & que les maximes, ou pratiques qui ne seront pas conformes à ce qui leur est marqué, pour saintes & excellentes qu'elles soient pour les autres, ne seront point bonnes pour elles, & seruiront plustost à les faire reculer, qu'à les auancer en la voye de Dieu ; puisque comme dit saint Paul chacun se doit perfectionner en la vocation en laquelle il est appellé ; & par les moyens qui luy sont ordonnez.

4. Pour cela mesme, il leur est defendu de lire aucun liure, que ceux qui leur seront donnez par des Meres ; & ne leur sera point loisible de lire dás les liures les vnes des autres, ni de se les prester sans licence ; sinon qu'ils fussent les mesmes qu'elles auroient ; puis qu'ils se peut faire qu'vne lecture sera vtile à l'vne qui ne le sera pas à l'autre ; ainsi qu'vne mesme medicine estant bonne à vn malade, seroit nuisible à vn autre. Et c'êt à la Mere Superieure de discerner ce qui peut estre profitable

fitable à chacune. Elles pourront toutesfois lire dans les liures que l'on tiendra en commun, comme au refectoir, ou dans chaque corps, estant soigneuses de les rapporter apres.

5. Mais elles se rendront grandement affectionées à la lecture de tous leurs statuts, afin d'en conceuoir vne parfaite intelligence, & les pratiquer dans les rencontres. Pour cest effect, outre la lecture iournaliere qui s'en fait au Refectoir, & tres souuent aux chapitres & instructions; la Mere Superieure fera fort bien, si cela se peut, que deux fois l'année, au commencement du Caresme, & auant la feste de sainte Magdeleine, ils leurs soient entierement leus à toutes en commun, aux temps destinez pour l'instruction, ou autre temps qu'elle trouuera mieux, faisant vn examen des fautes qui s'y commettront pour y remedier. Afin que comme l'ordonne la regle, les fautes ne soient pas negligées, mais qu'on en procure l'amendement. Aussi les Sœurs ne doiuent rien negliger de toutes les ordonnances qui leur seront faites, se souuenants que celuy qui ne tient conte des petites fautes tombera bien tost aux grandes; comme la dit le saint Esprit, & que celuy qui neglige sa voye, mourra.

6. A la lecture qui se fait au Refectoir des Constitutions, & Directoires l'on ne lira pas les Chapitres entiers, quand ils seront longs, ains on les diuisera pour plusieurs repas, comme par exemple, le premier & troisiéme Chapitre des Constitutions, pourront estre diuisez

sez pour trois ou quatre fois, ceux des quatre ordres, de l'employ du iour, pour dauantage, mais ceux du Confesseur, du silence, & semblables qui sont petits ne seront point diuisez. Le tout neantmoins selon que les Meres leur enseigneront, & qu'elles trouueront à propos.

7. Les Sœurs auront soin de conseruer leurs liures, & leurs heures, ne les laissant point traîner, & les tiendront fermez auec leurs attaches, ou agrafes quand elles n'y l'iront pas; elles n'y feront point d'oreilles, mais auront des petits cordons, ou rubans de fleuret, ou de soye qui ne soient pas de prix, pour les marquer.

## CHAPITRE XIV.

### Du respect, & du deuoir des Sœurs enuers la Mere Superieure, & les autres Meres.

1. Qv'elles se souuiennent de ce qui est marqué dans leurs Constitutions, de l'amour, du respect, & de la reconnoissance qu'elles doiuent auoir à l'endroit de la Mere Superieure, & des autres Meres qui les conduisent. Leur témoignant de la gratitude pour le soin & le trauail qu'elles prennent à les diriger; Elles leur doiuēt auoir vne entiere confiance & sincerité; leur porter vn singulier respect, ne familiarisant point auec elles, & ne

ne leur parlant iamais qu'à genoux, comme les constitutions l'ordonnent, sinon que les Meres leur cōmandent le contraire. Et de plus quand elles rencontreront la Mere Superieure, ou qu'elle passera proche d'elles, ou viendra és lieux où elles seront, elles doiuent incontinent se mettre à genoux, & s'incliner, & puis se releueront.

Quand elles viendront en quelque lieu où la Mere Superieure sera presente, apres auoir fait l'enclin, elles s'auanceront à quatre ou cinq pas d'elle, se mettront à genoux en s'inclinant, puis se releueront. Excepté au chœur, & au refectoir, qu'elles se leueront seulement pour luy faire l'enclin lors qu'elle entrera, & si elles sont à genoux, elles s'inclineront sans se leuer. De mesme quand les Sœurs y viendront, elles luy feront vn grand enclin sans se mettre à genoux. Mais lors qu'elles seront dans les chambres à faire leurs ouurages, & que la Mere Superieure ne fera que passer sans s'arrester, elles ne feront que se leuer & faire l'enclin, se remettant à leur besoigne.

Pour les autres Meres, quand elles viendront aux communautez, les Sœurs se leueront seulement pour leur faire l'enclin, se rasseyant apres, si la Mere Superieure est presente. Mais en son absence, elles se leueront entierement pour la Mere Assistante, ou la premiere Mere qui entrera, ne s'asseyant qu'apres qu'elle sera assisse, ou à genoux si c'est au chœur. Mais quand les Meres ne feront que passer és lieux où elles font leurs ouurages,
elles

## Du deuoir envers les Meres.

elles se souleueront seulement sans quitter leur trauail.

2. Lors que les Meres leur ordonneront de faire quelque chose d'extraordinaire, elles se mettront à genoux & baiseront la terre, & si c'est la Mere Superieure elles receuront sa benediction auant que se leuer, comme aussi quand elles donneront ou prendront quelque chose de la main des Meres elles se mettront à genoux & baiseront leur main, ou plutost la Croix, ou le Crucifix du chappelet desdites Meres, vers lequel les Sœurs feront bien de contourner les caresses que leur affection les porteroit de faire aux Meres, car elles ne les doiuent jamais baiser au visage, ni leur donner autre titre que celuy de Mere. Elles vseront aussi de respect enuers toutes les Religieuses de la visitation, & parlant d'elles, les nommeront, Nos Meres de sainte Marie.

3. La reconnoissance des Sœurs doit s'estendre non seulement vers les Meres qu'elles auront presentement, mais aussi à l'endroit de toutes celles qu'elles auront eües pour leur conduite, n'en parlant jamais qu'auec tesmoignage d'estime & de gratitude.

4. Les Sœurs doiuent regarder Dieu en la persone de la Mere Superieure, & en celles de leurs Meres Maîtresses, receuant auec honneur ce qu'elles leur diront, comme venant du saint Esprit qui leur parle par elles. En suite dequoy, elles escouteront leurs corrections, auis, & remontrances comme de la propre bouche de Dieu qui leur fait sçauoir sa sainte volonté par elles, le benissant en leur

interieur

intérieur de la misericorde qu'il leur fait.

5. Lors que les Meres les corrigeront elles se mettront soudain à genoux, & la teste en terre, comme il est dit aux Constitutions, car il leur est tres conuenable de receuoir en cette sorte toutes les humiliations & mortifications comme moyens propres pour satisfaire à la Iustice de Dieu, se representant que leur pechez en ont bien merité d'autres, puis qu'elles ont merité l'enfer; & faut qu'elles remercient sa diuine bonté de se contenter de si peu. Considerant encores que Iesus-Christ a chargé leurs crimes & pechez sur ses saintes espaules, & les à portés auec beaucoup d'amour, souffrant pour elles ce qui les doit encourager à tout embrasser pour son amour, à l'imitation des Saints qui ont recherché les souffrances, quoy qu'ils eussent toûjours vescu dans l'innocence, & dans la vertu.

6. Qu'elles se gardent sur tout de penser que les reprehensions, humiliations, ou auertissemens qui leurs sont faits procedent de passion, ou mauuaise volonté, mais se persuadent que les choses ne se font que pour leur plus grand bien, salut & perfection, estant vne medicine propre à leurs maux, & vn contrepoison aux mauuaises habitudes qu'elles ont contractées.

7. Qu'elles ayent recours à la Mere Superieure, ou à leurs Meres Maistresses pour estre instruites à se bien Confesser, briefuement, simplement, & clairement, auec contrition,

contrition, & propos de s'amender, & pour receuoir la sainte Eucharistie auec la preparation deuë. Et pour estre aidées en cecy aussi bien qu'aux autres pratiques des vertus, ou destructions de leur passions, mauuaises inclinations & habitudes, il faut qu'elles soient fidelles & sinceres à rendre conte de leur interieur, & actions aux susdites Meres, pour receuoir les instructions qui leur seront necessaires.

8. Les Congregées, Probanistes, & Nouices, se monstreront tres desireuses de se consacrer totalement à Dieu, & pour cela elles doiuent s'appliquer serieusement à se former selon l'esprit de la Religion, pour obtenir le bonheur d'y estre entierement liées. Que si apres leur temps acheué, on ne les en iuge pas encore capables, & qu'on leur donne du temps pour s'en rendre dignes, elles ne doiuent pas s'en descourager; mais reconnoissant la misericorde qu'on leur fait de ne leur pas oster l'esperance de cette grace, elles trauailleront genereusement à se corriger des defauts qu'on leur aura fait connoître, & à redoubler le pas en la vertu, afin de regaigner par leur ferueur le temps qu'elles ont perdu par leur lacheté.

9. Pour les Sœurs Professes comme elles sont plus estroitement liées à Dieu qui est la source de toute perfection, aussi doiuent-elles seruir de modelle aux autres pour la pratique des vertus, specialement en l'humilité, l'exactitude à l'obseruance, & la soumission qu'elles rendront à la conduite de la Mere Maistresse

de

de l'ordre ou rang auquel la Mere Superieure les aura mises, ne se retirant iamais de la dependance desdites Meres Maîtresses pour peu que ce soit. Et tacheront par l'estime qu'elles temoignent de leur vocation dans les rencontres, d'exciter aux autres Sœurs, vne sainte emulation de se rendre dignes de posseder le mesme bon-heur.

## Chapitre XV.

*Formule du Compte de conscience que les Sœurs doiuent rendre à la Mere Superieure, & à leurs Meres Maistresses.*

1. AFin que les Sœurs puissent pratiquer vtilemẽt ce moyẽ si efficace pour arriuer à la perfection, ainsi qu'il leur est ordõné dans les Constitutions d'auoir vne entiere sincerité & ouuerture de cœur à l'endroit de leurs Meres Superieure & Maistresses, & qu'elles ne perdent point le temps à raconter des inutilitez, ce que les mesmes Constitutions defendent, l'on mettra icy des prinpaux points sur lesquels elles feront ladite reddition de compte.

2. Les Sœurs estans auerties pour aller parler en particulier aux sudites Meres, se recueilliront interieurement, se mettant en la presence de nostre Seigneur, se souuenant que

la

la Mere à qui elles vont parler leur represente la personne de Dieu, & pour inuoquer son aide elles pourront dire cette petite Oraison Mon Dieu! Ie croy fermement que cêt vôtre bonté qui me parle, qui m'enseigne, qui me console, & qui me corrige par la bouche de mes Superieures, ie vous en remercie de tout mon cœur, & vous supplie me faire la grace au nom de nostre Seigneur Iesus-Christ d'agir en cette action selon vostre diuine volonté, & d'en profiter pour la gloire de vôtre saint nom, & la sanctification de mon ame.

3. Si elles en ont le loisir, elles feront auparauant vne succincte reueuë de ce qu'elles auront à dire, mesme il leur sera fort vtile de faire cêt examen proche le temps qu'elles croiront deuoir rendre compte, afin de se tenir prestes pour le pratiquer auec verité, sincerité, humilité, & briefueté, n'estant pas necessaire d'vn temps fort long pour cêt entretien, car hors quelques besoins extraordinaires, vne demi heure ou enuiron peut estre tres suffisante; puis que mesme il n'est pas besoin que les Sœurs repetent à la Mere Superieure ce qu'elles auront dit à leurs Meres Maîtresses, si elle ne leur demande pas, bien qu'elles le puissent faire pour leur consolation, ni aux Meres Maîtresses ce qu'elles auront dit à la Mere Superieure, si elles ne veulent, mais pourtant elles peuuent dire ausdites Meres Superieure & Maîtresses tout ce qu'elles voudront pour leur soulagement & consolation spirituelle. Et celles qui agiront

M en

en leur endroit plus sincerement & franchement s'auanceront le plus en la perfection, & gouteront auec abondance la douceur de la vie Religieuse; n'y ayant rien qui donne plus de tranquillité aux ames que la candeur & simplicité, auec laquelle elles traitent enuers les personnes qui les conduisent. Or pour faire cêt examen de preparation pour la reddition de compte, les Sœurs ne quitteront pas pour cela leurs occupations; mais les iours de Festes elles le pourront faire dans le cœur, ou ailleurs, mesme en se promenant.

4. Estás deuāt la Mere Superieure, elles se mettrōt à genoux, luy parlāt tout au long en cette humble posture, sinon qu'elle leur commande le contraire. Il sera fort bon qu'elles ayent deuant les yeux cete Formule pour rendre compte auec plus de clarté, si la Mere ne trouue mieux de la tenir elle mesme, & interroger les Sœurs sur les points suiuants.

1. De leur vocation; Si elles viuent contentes en icelle, l'estiment, & l'aiment comme l'vnique voye par laquelle Dieu les veut perfectionner & sauuer. Ou si par fois il leur en vient quelque degout ou diminution d'estime, & d'affection, & d'où prouient cela.

2. Sur leur protestation, ou leurs vœux celles qui les auront faits, si elles se sentent toûjours bien affectionées à leur obseruation, & resistent fidellement à toutes attaques contraires.

3. Sur les reglements portez par les Regles, Constitutions, Directoires, & Ordonnances des Superieurs, ou Superieures, si l'on se sent affectionné

## De la reddition de compte.

affectionnée à les lire ou entendre lire, ausquelles on ressent plus de difficulté ; autant en faut-il dire pour les coutumes & pratiques ordinaires ; les fautes principales qu'on y a commis ; comme d'auoir beu, ou mangé, ou leu quelque chose sans dispense, entretenu quelque Sœur mesme de bons discours, estre entrée, ou auoir pris quelque chose dans les cellules, ou Offices, ou retenu ce qu'on auroit trouué par la Maison, se rendre facile à rompre le silence, à contester, à repliquer, ou s'excuser, à dire des paroles inutiles, manquer à la promptitude de l'obeïssance, à bien employer le temps, à la propreté tant sur soy, qu'en sa cellule, au soin de conseruer ses hardes, ou son ouurage, à la modestie, faire plusieurs petites choses sans congé, & semblables manquements, qui pourroient leur sembler legers en apparence, mais lesquels estans reiterés souuent, causent de grands dechets dans les ames, & dans la communauté. Que si les Sœurs sont obligées à se decouurir des fautes dites cy-dessus, combien plus des importantes, s'il leur arriuoit d'en commettre quelqu'vne ; comme seroit d'auoir sans permission escrit, receu, ou donné des lettres ou billets, ou quoy que ce soit, parlé aux personnes de dehors, soit qu'ils fussent dans la Maison, ou ailleurs, donné quelque message & commissions aux tourieres, auoir eu quelque entretien particulier auec quelques Sœurs pour mauuaise fin, s'estre fermée en dedans d'vne chambre, ou autre lieu, estans deux, ou plusieurs ; auoir beu,

M 2 ou

ou mangé par excés, ou rompu le Ieune; ou feint d'auoir quelque mal que l'on n'a pas; auoir pris quelque chose dans les cellules ou Offices, auoir par grande colere ou depit rompu, ou gasté son ouurage, ou autre chose; estre allé trouuer quelqu'vne durant la nuit; auoir accusé faussement quelqu'vne; & pareilles fautes griefues qui leur sont si expressement defendues; & desquelles elles doiuent s'accuser auec sincerité, aussi-tost qu'elles les auront faites, sans mesme attendre le temps de rendre compte.

4. Si elles ont fait, ou si elles sçauent quelques complots secrets auec quelques Sœurs, ou autres, disant le nombre des Sœurs, ou des personnes, & doiuent sans difficulté les nommer, declarant tout ce qui s'est passé, & les suites; & mesme en telles occasiōs ne faut pas qu'elles attendent le temps de la reddition de compte pour s'en decouurir, mais le doiuent incontinent faire sçauoir aux Meres, comme les Constitutions l'ordonnent.

5. Si elles ont eu quelque debat ou querelle auec quelqu'vne, vsé de reproche, ou menace, si elles en ont fait ou non, la reconciliation ou satisfaction portée par les Regles, semé de la desunion par quelque faux, ou mauuais rapports, ce qui s'entend, ainsi que des autres manquements, de ce qui se seroit passé en secret; car pour les fautes connuës à la Mere, & dont elles auroient estés reprises, on fait satisfaction publique, il n'est pas necessaire qu'elles en parlent, sinon de dire le soin, ou la negligence qu'elles ont eu de s'en corriger.

6. Si

## De la reddition de compte. 269

6. Si elles ressentent de l'auersion contre quelqu'vne, & pourquoy; ou vne trop grande attache ou inclination, & la fidelité, ou infidelité qu'elles ont d'agir, ou ne pas agir en suite de telles inclinations, ou auersions.

7. Sur les Exercices Spirituels de l'Oraison mentale, & vocale, de l'assistance à la Messe, & au chœur, des examens de conscience, de l'vsage de la Confession & Communion spirituelle, & Sacramentale, de la Lecture, des Oraisons jaculatoires, de la droiture de l'intention, de l'attention à la diuine presence, la fidelité ou infidelité aux susdits exercices, quel gout on y a.

8. Sur les difficultés qu'elles pourroient auoir de ce qu'on leur auroit dit, ou enioint en particulier, soit en la Confession, soit en la communication qu'on leur auroit permise auec quelque personne de dehors; de mesme si elles ont peine d'accomplir ce que les Meres leur auroient ordonné, ou ressentent grande contradiction des obeïssances qu'on leur donne.

9. Des vertus, an quelles on se sent plus portée, ou qu'on reconnoit auoir plus de besoin, ou desquelles on a plus souuent l'occasion de pratiquer, quel soin on a d'en exercer les actes interieurs, ou exterieurs, en quelles on experimente plus de peine, de facilité, ou plus d'attrait,&c.

10. Pour les tentations, de quelles on se sent plus combattüe, depuis quand, quel moyen on tient, ou qu'on se sent inspirée de tenir pour les surmonter, si l'on pratique les

M 3          auis

auis donnez pour cela, si on les manifeste promptement, &c.

11. Pour les mortifications corporelles, desquelles on se sert auec la permission de la Mere Superieure, quelles semblent plus profitables, quelle peine, ou attrait on y a, si l'on ressent en soy le desir de viure dans l'esprit de penitence marqué dans les Constitutions ; & si elles sont prestes à souffrir pour nostre Seigneur les mépris, injures, & affronts.

12. Si elles ont estez malades, ou pris des remedes, comment-elle se sont comportées durant ce temps là, & si elles ont estez fidelles après auoir estez gueries, ou les remedes acheuez, de reprendre le trein commun, & la suite des exercices, ainsi que la Regle ordonne.

13. Si elles ont quelque incommodité, ou croyent d'auoir besoin de quelque soulagement, elles le deuront dire : comme aussi les dispenses ou congez qu'elles auroient eus pour quelque temps. Car les Sœurs doiuent sçauoir que toutes les permissions ou dispenses generales que les Meres leur donneront en particulier, de quelle nature qu'elles soient, si lesdites Meres n'en determinent vn temps plus court, n'auront de valeur que d'vne reddition de compte à l'autre ; & ainsi il faudra qu'à chaque fois qu'elles rendront compte de leur conscience, elles demendent à la Mere ce qu'elle trouuera bon sur telle permission, ou dispense qu'elle leur auroit donnée. Mais pour les ordonnances, dispenses, ou defences

*De la reddition de compte.* 271

ces generales que la Mere Superieure pourroit faire à toute la communauté, comme d'obseruer le silence en tel lieu, faire telles penitences pour telles fautes, n'aller pas, ou ne pas passer en tel endroit, prendre quelque chose entre les repas, & semblables, si elle n'en prescrit vn temps plus long ou plus court la Mere Assistante la ressouuiendra aux quatre temps de les renouueller ou abroger. Et mesme il seroit à propos que telles ordonnances, defences, ou dispenses, auec le temps qu'elles deuront durer, fussent escrites en quelque lieu à la veüe des Sœurs, afin qu'elles n'eussent pas occasion de les negliger, ou faire plus que ce qui seroit permis, le semblable doit estre obserué en chaque corps, à l'égard des Meres Maistresses, & la premiere des Sœurs commise pour prendre garde aux autres, en fera souuenir la Mere Maistresse.

Les ordonnances, ou defences des Superieurs seront de mesme escrites, & pour combien, si c'est pour toûjours, ou seulement pour vn temps.

14. Si les Sœurs sont officieres, ou aides aux Offices, il faut qu'elles disent comme elles s'en acquitent, & des autres employs que l'obeissance leur donne, si elles le font auec soin, fidelité, & obseruance des reglemens prescrits.

15. Elles doiuent aussi dire sincerement les victoires principales qu'elles ont remportées sur elles, & leurs mauuaises inclinations depuis la derniere reddition de compte, les gra-

M 4   ces

ces qu'elles auront receuës de nostre Seigneur, leur fidelité ou infidelité à y correspondre; l'affection qu'elles sentent pour leur auancement spirituel; & semblables choses qui fassent connoître ingenuëment l'estat de leurs ames.

16. Et parce que c'êt vn des plus grands moyens pour l'auancement en la perfection, & pour maintenir le bon ordre d'vne communauté, que cette reddition de compte, pratiquée auec les conditions requises, la Mère Superieure ou les Meres Maîtresses, feront tres bien, de lire, ou faire lire aux Sœurs de fois à autre, les liures qui en traitent specialement ceux du Pere Rodriguez, afin de les rendre affectionnées à cêt exercice si vtile, & instruites comme elles s'y doiuent comporter.

## CHAPITRE XVI.

### Des fautes & penitences.

1. POur suiure ce qui est ordonné dans les Constitutions, & pour maintenir le bon ordre dãs la Maison de Dieu, l'on marquera dans ce Chapitre, les penitences que les Sœurs feront pour leurs fautes, & celles qui leur pourront estre eniointes par la Mere Superieure & les autres Meres, ainsi qu'elles verront estre pour le mieux.

Premie

## Des fautes & penitences.

Premierement pour les fautes legeres ou de negligence.

2. Celles qui manqueront de se trouuer au commencement de l'Oraison, de la Messe, ou des examens se prosterneront en terre, comme il est dit pour l'Office.

3. Celles qui par paresse ne se leueront pas au réueil, ou qui par negligence laisseront leur licts, ou leurs chambres en desordre, & ne rangeront pas leurs besoignes deuant l'Oraison porteront le cheuet au milieu du Refectoir, & y demeureront à genoux iusqu'à ce qu'on leur donne le signe, & lors elles iront se mettre à table.

4. Celles qui par negligence manqueront de se trouuer au commencement des recreations, se tiendront à la porte en dedans de la chambre commune, faisant leur ouurage en silence.

Et si elles manquent au commencement des instructions, ou conferences, & du Chapitre des coulpes, elles se viendront prosterner au milieu de la chambre, y demeurant iusqu'à ce que la Mere qui preside leur donne le signe pour se leuer, & elles iront se mettre en leurs places.

5. Elles porteront pendu au col (s'il se peut commodement) quelque piece des choses qu'elles auront rompues, & de mesme la vaisselle d'estain quand par negligence elles l'auront laissé fondre.

6. Lors qu'elles laisseront dissiper ou perdre quelque chose de ce qu'elles ont en charge, comme de repandre de l'huile, du vin, du

sel, & semblables, laisseront trainer leurs ouurages, les gasteront quelque peu, manqueront de balier, ou tenir propre ce qu'on leur aura ordonné, elles viendront au milieu du Refectoir, & diront tout haut apres que l'on aura dit au nom de Dieu ; Mon Dieu, ie vous demande tres humblement pardon de quoy par ma negligence i'ay fait telle faute.

Mais si elles l'auoient fait par malice on leur imposera vne plus seuere penitence, comme il sera dit cy-apres.

7. Si quelqu'vne se laisse emporter par promptitude à quelque humeur ou depit en presence des autres, ou qu'elle repliqua à l'obeïssance, ou s'excusa auec ressentiment sur quelque correction, ou fit quelqu'autre action qui mal-edifia les Sœurs, auant que s'en aller elle demandera pardon du mauuais exemple qu'elle aura donné.

8. Elles feront les penitences susdites quand elles auront fait les fautes, sans attendre qu'on les leur ordonne. Mais pour les penitences suiuantes, elles ne les feront que par l'ordre, ou la permission des Meres.

9. Quand elles leueront la veüe au chœur, dortoir, refectoir, & pendant le chapitre des coulpes, y feront du bruit, marcheront auec immodestie, & les yeux égarez par la Maison, parleront au silence sans permission, ou sans necessité hors du silence & des recreations, seront mal-propres en leurs habits ou chambres, viendront mal accommodées, ou sans recueillement aux communautez, ne sereruront pas leurs habits, ou les hardes qu'elles

auront en charge; seront tardiues au trauail corporel de la communauté; se rendront difficiles au manger; se donneront, preteront, ou se seruiront de ce qui est à vne autre sans congé; contesteront, ou depiteront en choses legeres; manqueront de se trouuer aux assemblées communes; montreront de la repugnance en leur viure & vestir; ouuriront & fermeront les portes rudement; manqueront à faire les choses de leurs charges faute de soin; feront connoître leurs auersions; parleront brusquement, ou des choses vaines & mondaines; diront quelques legers mensonges pour s'excuser; se rendront negligentes à faire les enclins, & autres ceremonies; se lairront aller aux larmes par trop de tendreté; manqueront à la promptitude de l'obeïssance; se lairront emporter souuent à la curiosité; manqueront de respect les vnes aux autres; temoigneront de la repugnance, se plaindront, feront quelque replique, ou s'excuseront sans iuste cause d'accomplir quelque obeïssance; donneront leurs auis sans qu'on leur demande; se mesleront de la charge des autres; ou trouueront à redire à leurs actions, en feront quelque leger desaprouuement, ou murmures; ne se amenderont pas des defauts dont on les corrige souuent; demanderont quelque chose aux Officieres sans congé, ou hors du temps ordonné; garderont quelque chose sans permission, soit linges ou autres choses; n'accompliront la tâche qu'on leur aura donné pour leurs ouurages; & lors qu'on leur en

M 6       chargera

chargera ne rendront pas les choses qui ne leur seruiront de rien ; entreront dans les chambres des Offices sans congé ; & y prendrõt quelques choses sans en auertir l'officiere ; ne seront pas soigneuses de rapporter aux Offices ce qu'on leur aura presté ; ne remettront pas les choses en leurs places apres s'en estre seruies ; garderont dans leurs chambres ce qui est d'estiné à l'vsage commun de toutes, comme les vergettes & semblables ; rompront ou couperont des habits & linges sans ordre de l'obeissance ; remueront les besoignes les vnes des autres ; ou prendront pour leur particulier ce qu'elles trouueront par la Maison, ne le mettant pas aux lieux destinez ; parleront des coulpes, penitences, & corrections : bien que ce ne soit pas pour s'en mocquer, ni par reproches.

Pour ces fautes & semblables, la Mere Superieure, ou les Meres Maîtresses leur pourront imposer les penitences suiuantes.

10. On leur mettra vn bandeau sur leur voile qui descendra assez bas sur les yeux ; en sorte neantmoins qu'elles puissent voir se conduire, ou manger, ou trauailler.

On leur fera porter le baillon, soit à la bouche, soit attaché au col.

Dire quelque *Pater* & *Aue* les bras en croix au milieu du refectoir ; y detester leurs fautes briefuement les mains iointes, ou les bras estendus. Estudier au refectoir l'Office ou les enclins, qu'vne autre Sœur leur monstreroit.

Manger à terre, ou aux pieds de celles qu'elles auroient offencées, ou mal-edifiées ;
demander

*Des penitences.*

demander pardon aux Sœurs au milieu du Refectoir, ou deuant les tables, mesme la corde au col quand les fautes seront notables, ou souuent reiterées ; baiser la terre deuant chaque table ; se tenir prosternée à la porte du chœur ou du refectoir quand ses Sœurs y entreront ou sortiront ; se tenir à la porte du refectoir lors que les Sœurs y entreront pour demander pardon de leur faute qu'elles nommeront. Ou bien leur dire à chacune, ma Sœur ie merite d'estre separée de la communauté, ou bien, ie suis indigne d'estre en vostre compagnie ; ce qu'on leur pourra faire faire aussi à la porte des chambres où les Sœurs s'assemblent pour les instructiõs. Mettre sous les pieds deuant les tables sa propre volonté, sa mauuaise coutume à repliquer, contester, s'excuser, se plaindre, temoigner ses repugnances, se laisser aller aux larmes, & semblables fautes, aller deuant les tables & faire vn enclin à chaque Sœur le bandeau sur les yeux, ou le baillon à la bouche, on pourra aussi les faire aller deuant chaque Sœur luy dire, Ma Sœur ayez compassion de moy, qui suis si lache d'accomplir telle obeïssance, ou à me corriger de tel defaut ; demander par aumône à la seruense, son potage, sa portion, son pain, & à boire, & alors elles mangeront à terre au milieu du refectoir ; les mettre au dernier rang ; leur faire tenir le silence pendant les recreations; & semblables.

Si quelqu'vne refuse de manger ce qu'on luy donnera pour ses infirmités, ou qu'elle ne ne voulut pas manger au repas, pretendant d'auoir vne portion meilleure que les autres, on la fera manger au milieu de la recreation, & en silence.

12. Quand les fautes seront vn peu signalées, ou que les Sœurs les commettront souuent, les Meres feront fort bien de faire detester leurs defauts au refectoir par vne autre, ou bien les faire accuser par vne Sœur, ou par la lectrice, en cette sorte, de la part de la sainte obeïssance, ie dis tres humblement la coulpe de la Sœur N. dequoy elle à fait telle faute pour sa penitence elle fera telle chose. Ou bien on leur pourra mettre vn papier sur la teste où soit escrit leur defaut.

13. Mais pour les fautes où il y auroit de la malice, ou vne grande opiniatreté, comme si leur arriuoit de gaster, & perdre leurs ouurages, ou ne vouloir point trauailler par depit; contester par colere; murmurer, ou refuser les penitences qu'on leur enioindroit; se laisser emporter à quelque passion desordonnée; s'excuser ou les autres quand elles seront iustement accusées ou reprises; nier la verité; dire des mensonges industrieusement; parler en particulier à quelque Sœur, ou entrer en sa chambre sans permission; dire des paroles de mépris, mocqueries, de reproches, de medisances, ou de murmures en choses importantes, semer de la diuision ou desunir; faire de faux, ou mauuais rapports; épier vne Sœur pour l'accuser; se plaindre, s'entretenir, ou murmurer des penitences; ou corrections
si on

*Des penitences.*

qu'on leur auroit faites: escrire des lettres ou autres choses sans congé; aller au tour, ou au parloir, ou vers les seculiers qui seroient dans la maison sans permission; respondre à la porte du dehors, ou s'y amuser, ou autour du parloir: accuser faussement vne Sœur; desapprouuer ou censurer la conduite des Meres; écouter finemēt ce qu'on leur dit; leur parler contre le respect, auec colere, & hautaineté; rompre le jeune par mépris; faire ou obmettre quelque chose par dedain des reglements ordonnez; rompre ou couper des habits, du linge, ou autres choses à mauuaise fin; jurer sans necessité; se pariurer; & semblables.

14. Pour telles fautes la Mere Superieure leur pourra enioindre de prendre la discipline, mesme à l'ouïe des autres; de ieuner mesme au pain & à l'eau; les separer de la communauté; les priuer du vin pour quelques repas; les faire mener, même la corde au col par vne Sœur qui les accuse & publie leur defaut tout haut au milieu du refectoir, ou deuant les tables; les deposer de leurs charges; les enfermer dans vne chambre; ou mesme les mettre en prison pour quelques temps, leur faire faire amande honorable la corde au col, & la torche au poing, les priuer de la Communion; & autres que ladite Mere Superieure iugera à propos.

Elle enioindra quelqu'vne des susdites penitentes pour la premiere & seconde faute, de celles qui doiuent estre deferées au Pere Spirituel

Spirituel à la troisiéme fois qu'on les aura commises.

15. La separation de la communauté ne donnera pas à celles à qui l'on imposera cette penitence, liberté d'aller où elles voudront; car si la Mere Superieure ne leur ordonne de s'enfermer en leurs chambres, elles se deuront tenir à la porte, en dedans du lieu, où la communauté sera assemblée, soit au chœur, ou ailleurs; à genoux, ou assises à terre, sinon qu'on leur ordonnat de s'assoir sur vn siege; elles obserueront le silence pendant les recreations; & se tiendront à genoux & courbées à la porte du chœur en dehors quand la communauté y entrera & sortira, pour demander par cette posture humble, sans rien dire pourtant, l'assistance des prieres des Sœurs.

16. A celles qui prendront la liberté de parler aux seculiers mal à propos, ou de leur faire des plaintes, ou temoigner leur mecontentement, la Mere Superieure, leur ordonnera de se retirer dans leurs chambres, toutes les fois qu'il entrera quelqu'vn, & y demeurer iusqu'à ce que telles personnes soient sorties.

17. Quand quelqu'vne se laissera emporter à l'iurongnerie, ou au larcin, si sa faute n'est pas publique, & qu'elle en temoigne vn grand repentir, on luy pardonnera pour la premiere fois; mais si elle y retombe, elle souffrira vne confusion publique par l'accusation que la Mere Superieure luy en fera faire, auec l'imposition de la penitence, qui sera

pour

*Des penitences.*

pour l'iurongnerie d'estre priuée de boire du vin autant de temps que ladite Mere iugera, & mesme de ieuner; ce qu'elle pourra aussi imposer à celle qui aura desrobê. Sur tout si le larcin estoit pour la gourmandise; elle pourra aussi leur faire pendre au col ce qu'elles auroient dérobé, & le leur faire montrer à toutes les Sœurs, au refectoir, ou ailleurs; Elle en pourra faire de mesme à celles qui par malice, & dépit, gâteront, perdront, ou laisseront trainer leurs ouurages.

18. Il ne faut pas que les Sœurs pour le soin qu'elles doiuent auoir de leur auancement, attendent qu'on leur impose des penitences, mais s'y porter d'elles mesmes, pour la satisfaction de leur pechez; & demandant permission d'en faire quelquefois, principalement au temps de l'Aduent, du Caresme, & trois ou quatre iours auant les grandes Festes de nostre Dame, & aux temps des retraites.

19. Elles les feront au refectoir apres le *Benedicite*, se mettant à genoux en y entrant, se leuants pour les faire quand on aura dit Au nom de Dieu. Et ne seront que cinq ou six à la fois.

10. Quand la lectrice aura à dire vne coulpe d'vne Sœur, elle la lira auant que commencer la lecture, sinon que la Sœur ne fut pas au refectoir qu'elle attendra qu'elle soit venuë; & apres qu'elle l'aura leu elle la remettra à la Sœur, afin qu'elle puisse bien faire sa penitence. Celle de qui on dira la coulpe se leuera aussi tost qu'on la nommera, demeurant

en

282   *Directoire Spirituel,*

en cette posture les yeux baissez, & les mains jointes; & apres qu'on aura acheué de la lire, elle viendra se mettre à genoux au milieu du refectoir, & dira tout haut, Ma Mere j'en dis tres humblement ma coulpe; & puis fera sa penitence si elle la doit faire alors.

11. Les baillons dont on se seruira ne doiuent pas estre guiere gros, on les tiendra, auec vn cheuet ou carreau plein de paille, & les autres choses necessaires à l'vsage des mortifications dans vn armoire au refectoir, qui ne ferme pas à clef, afin que les Sœurs les puissent prendre pour s'en seruir; la Sœur refectoriere aura soin de les conseruer.

CHAP.

## Chapitre XVII.

*De plusieurs Offices necessaires pour le bon ordre de la maison, ainsi qu'il est porté par le Chapitre quarante troisiéme des Constitutions.*

### §. 1.

*Et premierement de l'excitatrire.*

Celle qui sera commise pour donner le signe du leuer des Sœurs, sortira du chœur pour s'aller coucher quand on commencera Laudes, afin de se leuer enuiron demie heure auant les autres ; On luy donnera le soir (s'il se peut) vn reueille-matin, que l'on montera l'esté sur les quatre heures & demie, & l'hiuer à cinq.

Dez que l'heure qu'on doit se leuer aura frappé, elle sonnera le réueil en branfle à la grande cloche l'espace d'vn pater & aue, puis ira incontinent par des dortoirs auec la traquette, pour éueiller celles qui seroient endormies; ouurira les fenestres des chambres, ou cellules, ou s'il ne fait pas iour, y portera de la lumiere, si la Mere Superieure le trouue bon, regardant si toutes les Sœurs sont

leuées

leuées & si quelqu'vne y manque, ou qu'elle se trouua mal, elle en auertira ladite Mere Superieure, ou quelqu'autre des Meres, auant l'Oraison.

Commençant à sonner la cloche, elle tournera vn poudrier de demie heure, & le donnera à la Sœur qui a le soin des exercices, afin qu'elle sonne pour l'Oraison quand il le faudra.

## §. 2.

### *De celles qui auront le soin de couper les cheueux aux Sœurs.*

La Mere Superieure, ainsi que les Constitutions l'ordonnent, nommera autant de Sœurs qu'elle iugera necessaire pour faire les cheueux aux autres, au temps propre à cela, qui sera toûjours tant qu'il se pourra, depuis le quatre, ou cinquieme de la Lune, jusques au sept ou huittiéme, sinon que ladite Mere Superieure ordonne vn autre temps.

La premiere des Sœurs deputées pour cét office, aura en garde les sizeaux, brosses, frottoirs, tabliers, & linceulx requis pour cêt vsage, qu'elle distribuera à ses aides quand il le faudra, & les retirera apres, les tenant fermés à clef dans quelque coffre, ou armoire; & en aura vn inuentaire pour en rendre compte lors qu'on en commettra d'autres, & à la visite.

Tous

## De plusieurs Offices. 285

Tous les quatre ou cinquiéme de la Lune, elle auertira les Sœurs à l'obeïssance du soir, que c'est le temps de faire les cheueux; & pour c'est effet dez le lendemain apres la Messe, elle & ses aides se trouueront au lieu ordonné par la Mere Superieure, où les Sœurs les iront trouuer les vnes apres les autres; Elles feront cest exercice auec le plus de charité, de silence, & de modestie qu'il se pourra, & n'y employeront point le temps de l'instruction, de l'office, ni des autres communautez, au moins sans vne dispense particuliere; & se feront les cheueux les vnes aux autres reciproquement.

Elles auertiront auec humilité la Mere Superieure, ou les autres Meres, des manquements qu'elles remarqueront aux Sœurs, comme si quelqu'vne ne se tenoit pas la teste propre, ou qu'elle temoignat de la difficulté à se laisser couper les cheueux, ou fit quelques immodesties, ou legeretez; & luy feront aussi sçauoir à la fin des trois iours celles à qui elles auront coupé les cheueux, afin qu'elle voye si quelqu'vne auoit passé le temps marqué, pour y remedier; & pour c'est effet, il sera fort bon que lesdites Sœurs eussent vne arte du nõ de toutes les Sœurs auec des cordons à l'endroit de chaque nom, qu'elles tirerõt à mesme tẽps qu'elles auront fait les cheueux à chaque Sœur, elles la feront voir à ladite Mere Superieure, & ceste carte sera fermée auec les autres besoignes. Or passé le temps susdit aucune ne se fera couper les cheueux sans ordre, ou permission.

§. 3. De

## §. 3.

### De celle qui aura soin des chandelles, & des lampes.

Elle tiendra fort net les chandelliers, mouchettes, & lampes de la communauté, & prendra bien garde que les Sœurs soient propres aux leurs, leur donnant des torchons qu'elle aura soin de faire blanchir. R'amassera soigneusement tout le suif, & quand il y en aura beaucoup elle le donnera à la Mere œconome, de laquelle elle suivra l'ordre pour la distribution des chandelles, & pour mettre de l'huile aux lampes des Sœurs, (si elles en ont) elle aura vn inuentaire des principales choses de sa charge, & ne donnera rien sans congé.

## §. 4.

### De celles qui auront charge d'ouurir, & fermer les fenêtres, & de faire les chassis.

La Mere Superieure commettra vne ou plusieurs Sœurs pour les choses cy dessus, ausquelles elle distribuera les endroits de la Maison pour en auoir soin. Elles tiendront les fenestres ouuertes quand il fera beau-temps, (sinon que les Meres ordonnent le contrai contraire ;) & les fermeront durant la nuit, & lors qu'il fera du serein, ou des brouillars; es lieux où les Sœurs seront assemblées, & tandis qu'elles seront ouuertes on les attachera afin que le vent ne les fasse battre.

Elles auront soin de tenir les Images qui seront par la Maison, nettes & en bon ordre, les recloüant lors qu'elles seront détachées; osteront les araignées, & nettoyeront les murailles vne fois le mois, les autres Sœurs auront le mesme soin pour ce qui regarde leurs cellules, & offices.

Quand il faudra faire les chassis, lesdites Sœurs prendront l'ordre de la Mere Oeconome, & conserueront soigneusement tout ce qui leur sera donné pour l'exercice de leurs charges, que la premiere d'entr'elles tiendra fermé, en ayant vn inuentaire, s'il est iugé à propos.

§. 5.

### De la Cuisiniere.

Celle qui sera employée à la cuisine, se rendra soigneuse de bien appester les viandes, de ne les trop espicer ni saler, de tenir les repas prets aux heures, & les portions chaudes tant qu'il se pourra. Elle suiura l'ordre de la Sœur celleriere pour cette charge, luy demandera par auance l'huile, le sel, le beurre, & autres choses. Prendra garde de

ne

ne laisser brûler le bois, ni du charbon inutilement, mais que neantmoins il y aye suffisamment du feu pour bien faire cuire les viandes. Elle tachera d'estre fort propre, & de menager le bien de la Maison, comme appartenant à Dieu.

Elle tiendra la cuisine fort nette la baliant tous les iours, & ostera les araignées vne fois la semaine, nettoyera souuent la cheminée, retirera tous les soirs le bois du feu, & le couurira bien pour euiter le danger; aura vn inuentaire bien exact de tout ce qu'elle a en sa charge, qu'elle verifiera toutes les semaines, mesme auec la celleriere au moins vne fois le mois, pour en rendre bon compte à la Mere Oeconome. Et si quelques Sœurs entroient dans la cuisine sans permission, ou qu'elles luy fissent des plaintes des viandes, on luy en demandassent des particulieres, elle en auertira la Mere Superieure.

### §. 6.

### *De celle qui aura soin des Lexiues.*

Elle tachera de cõseruer tous les meubles de son office, dont elle aura vn inuentaire; auertira la Mere Oeconome quãd il faudra relier les cuuiers & les bennes, & en acheter de neufs, & suiura sõ ordre pour asseoir les lexiues. Aura soin de faire chauffer l'eau pour lauer la Vaisselle, & appellera au sortir des graces celles qui

qui luy doiuent aider, selon l'ordonnance de la Mere Superieure.

### §. 7.

### De la Boulangere.

Si l'on fait le pain dans la Maison, celle qui en sera chargée, aura grand soin du bled & de la farine, afin qu'il soit bien conserué, prenant garde qu'il ne se perde, se gaste, s'eschauffe, ou soit mangé des rats, & suiura exactement l'ordre qui sera donné pour cela, r'amassera soigneusement tout ce qui ne pourra seruir à l'vsage des Sœurs, pour estre employé à autre chose. Elle auertira à bonne heure la Mere Superieure ou la Mere Oeconome, auant que la farine manque, afin qu'on aye le temps de faire moudre par auance ; & de mesme pour le bled, afin qu'on en puisse faire la prouision à propos.

Elle suiura l'ordre de ladite Mere Oeconome pour faire le pain, qu'elle contera, quand on le portera, & rapportera du four, (si on le cuit dehors,) pour voir s'il ne s'en perd point; & luy donnera auis s'il n'estoit pas cuit à propos, ou qu'il fut bruslé; puis le remettra à la Sœur refectoriere.

Elle aura vn inuentaire de tous les meubles de son office, qu'elle tiendra proprement, & en rendra bon conte aux visites, & quand elle sortira de charge.

## §. 8.

### De la Iardiniere.

La Iardiniere aura vn inuentaire des meubles & outils de son Iardin, qu'elle tiendra garni de bons fruits, & des herbes necessaires à l'vsage des Sœurs, & des fleurs pour le seruice de l'Autel. Ne cueillira, ni ne laissera cueillir, ni ne dōnera aucune chose que par la permission de la Mere Superieure, ou de la Mere Oeconome, l'ordre de laquelle elle suiura en tout pour l'exercice de sa charge ; l'auertira quand il faudra faire emonder les arbres, reffaire les treilles, & les palissades ; & quand il sera necessaire de faire entrer des hommes pour y trauailler ; Pendant qu'ils y feront le Iardin sera fermé à clef, & ni elle ni autre Sœurs ni entreront point que de l'ordre de la Mere Superieure.

Ladite Iardiniere aura soin de cueillir & esplucher les herbes pour la communauté; & quand elle sera pressée de besoigne elle demandera humblement des aides à la Mere Superieure. Et tant elle que les Sœurs qui luy aideront à trauailler au iardin penseront à ce qui est marqué aux constitutions de la penitence que Dieu imposa à l'homme apres son peché ; & se souuiendront encores, que leur Mere sainte Magdeleine trouua dans vn iardin son bon Maistre nostre Seigneur Iesus-Christ;

Christ, qu'elle cherchoit par tout apres sa resurrection, & qu'ainsi elles trouueront Dieu en tous lieux, pourueu qu'à l'imitation de cette grande sainte, elles le cherchent en verité, par vn ardent desir de plaire à luy seul.

§. 9.

### Des Tourieres.

Celles qui seront employées pour les affaires & messages du dehors, se comporteront auec tant de modestie, de douceur, & de circonspection, qu'elles respendent par tout vne bonne odeur de la Maison, en laquelle elles ont le bon-heur de demeurer.

Elles obserueront exactement tout ce qui est marqué au Chapitre quarante trois des constitutions; pour celle qui doit traiter au dehors; & de plus ne se mesleront de vendre ni d'acheter pour personne quoy que ce soit, ni d'aucun affaire qu'auec le congé de la Mere Superieure. N'entreront non plus, ni ne mangeront en aucun lieu sans licence, ou sans vne grande necessité qu'elles n'eussent pas pû preuoir, dont elles rendront compte à ladite Mere, si tost qu'elles seront de retour dans la Maison.

Elles ne parleront ni s'amuseront par les rues, sinon autant qu'il sera necessaire, s'occupant mesme à quelques prieres vocales, si elles peuuent, pour tenir plus facilement leur esprit en la presence de Dieu.

Elles auront grand soin de bien acheter ce que la Mere Oeconome leur ordonnera, & l'auertiront si elles preuoyent quelque iuste occasion d'acheter les choses à meilleur prix, ou si elles deuoient encherir, afin d'en faire comme elle trouuera bon.

Elles vseront d'vne grande preuoyance, à ce que les Sœurs ne demeurent sans ouurages; en tireront les payemens quand elles les rendront. Et feront en sorte que les personnes auec qui elles traiteront demeurent satisfaites, autant qu'il se pourra; ne faisant pourtant rien que par l'ordre de la Mere Superieure, ou de la Mere Oeconome.

Elles tiendront l'Eglise, Sacristie de dehors, Confessional, Parloir, & chambre du Predicateur fort propres, les baliant vne ou deux fois la semaine, & les murailles vne fois le mois; couurant les autels & les tableaux auant que balier. Vne fois ou deux la semaine, elles osteront la poussiere de dessus le Tabernacle, Croix, Tablaux, Daix, Chandeliers, Escailliers, Balustres, Chaises, Bans, & Marchepiedz; & secoueront les Tapis, Carreaux, & Chaises de Tapisserie, ou de Drap. Et toutes les fois qu'on changera de premiere Nape à l'Autel, elles nettoyeront bien dessus & tout autour. Mais lors qu'elles ne pourront faire toutes ces choses, elles en auertiront la Mere Sacristaine, afin qu'on en commette d'autres, & que la propreté soit toujours soigneusement gardée; pour ce qui touche l'Eglise & l'Autel.

Quand on leur ordonnera de le parer, elles
le

*De plusieurs offices.*

le feront auec grande reuerence, posant leurs souliers, & mettant vne couuerture sur l'Autel auant que monter dessus.

Si on emprunte quelque chose de dehors, elles auront grand soin de le conseruer, afin de le rendre en bon estat, & que ce soit par celle mesme d'entre elles qui aura emprunté, s'il se peut.

Elles prendront garde que les ornements, & parements tandis qu'ils seront à l'autel ne se gastent point ; & que la Lampe qui esclaire deuant le tres-saint Sacrement soit bien nette, l'huile pure ; & la Meche fort petite; & iamais esteinte.

Elles ouuriront & fermeront l'Eglise aux heures que la Mere Portiere leur dira ; & empecheront autant qu'elles le pourront qu'on fasse du bruit dans l'Eglise ; & dans la Sacristie de dehors, sur tout pendant les Messes & les Sermons ; & toujours pendant qu'elles feront dans l'Eglise, elles s'y tiendront auec grand respect, n'y parlant que pour les choses necessaires.

§. 10.

*Des autres emplois.*

S'il y a quelqu'autre employ auquel la Mere Superieure iuge à propos d'appliquer les Sœurs pour le bien de la Maison, celles à qui elle en commettra la charge, le feront auec soin

soin, fidelité, & propreté, obseruant en tout l'ordre de la dite Mere Superieure, ou de la Mere Oeconome pensant à cette verité que rien n'est petit deuant Dieu de tout ce qui est fait par obeïssance, & que celuy qui sera fidelle en peu de chose, sera estabil sur beaucoup ; c'est à dire, qu'il receura vne grande gloire au Ciel, des petites actions qu'il aura faites icy bas auec vne grande Charité.

## §. II.

### Des aides des Offices.

Quand la Mere Superieure trouuera bon de donner des aides aux susdites Officieres, & aux autres marquées aux Constitutions, celles qui seront nommées pour aider, s'y comporteront auec la mesme affection & obseruance des reglements que si elles en auoient la charge, toutes fois auec dependence des Officieres, lesquelles pourtant ne prendront nulle sorte d'authorité sur leurs aides, ains s'en seruiront selon que leur charge le requerra ; & comme elles doiuent vser d'vne grande humilité en les employant, aussi les aides doiuent faire ce qu'elles leur diront auec grande fidelité & soumission ; faisant auec soin ce qu'elles verront deuoir estre fait, comme estans egalement chargées de la part de Dieu, & de la sainte obeïssance. Et tant les Officieres que les aides, feront tout auec tant de diligence

*De plusieurs offices.* 295

diligence, qu'autant qu'il se pourra, elles puissent se trouuer à tous les exercices, & communautez; & tacheront de se rendre fort regulieres en l'obseruation du silence, & d'euiter les paroles inutiles; se souuenants que du bon ou mauuais vsage du temps, dépend la gloire, ou le mal-heur de l'Eternité.

*Louange à Dieu à la Bien-heureuse Vierge Marie, au Bien heureux Pere saint Augustin, à la Bien-heureuse sainte Magdeleine.*

F I N.

www.ingramcontent.com/pod-product-compliance
Lightning Source LLC
Chambersburg PA
CBHW071345150426
43191CB00007B/854